獨逸法

宮内國太郎著

明治四十年發行

獨逸法

日本立法資料全集 別巻 1149

信山社

法學士宮内國太郎著

獨逸法

東京 博文館藏版

自序

獨逸法は世界に於ける法律の花なり大系秩然として備はれり蓋獨逸人は由來組織的の智能を有せりと稱せらる其間蔚然たる大家を出し硏鑽年を重ねて今や殆と斯學の壘を摩せんとす而して大家か一世の智勇を傾倒して開拓したるものは萬項の法典花園なり整齊完備固より其所芳香遠く來て吾人を撲ち欣羨已まさらしむ是れ即ち東洋の君主國か世界の花名を移植して法律界の缺を補はんと欲せし所以なり然れとも名花の栽培養殖は其本國の事情を探討するに非すんは能はず乃ち獨逸法研究の必要起る余素より淺學且公務の餘暇を以て此篇を成す拙劣忸怩に堪へす謹

て識者の是正を請ふ

明治四十年十月下浣

著　者　識

獨逸法目次

第一編　獨逸法制史

第二編　本論

目次終

獨逸法

法學士　宮內國太郎著

第一編　獨逸法制史

第一章　總論

第一節　古代より中世紀の終に至る

法律の沿革を述べんとすれば必ず先づ其國民の風俗習慣社會の組織を述べざるべからず故に茲には先づ獨逸古代に於ける社會組織の狀況を述べん獨逸人は古來始より一個の民族(Volk)にあらずして各自獨立せる無數の民族(Völkerschaft)の集合にして獨逸人とは即ち此等民族の總稱なり而して民族は親族團體(Sippe)の結合より成れり親族團體は凡そ人類が共同生活をなすの基礎根柢たる親族

(Familie)の集合なり、親族團體は共同の祖先に依りて互に團結せる數多の親族の總名に過ぎずと雖又同時に各人が之に依て始めて其生存の要件を全ふし得る最も重要なる社會なり、即ち或は家屋を建築し或は土地を使用收益するの權は親族團體に屬して個人に屬せず、個人は只親族團體の一員として其利益に付き分配に預るのみ、又親族團體は一方に於ては團體各員の防禦に任じ若し團體員にして他より侮辱を受くることあらんか、團體は直に之が復讐を行ひ血を見ずんば止まざるの風ありき、之に加ふるに當時日耳曼人一般の傾向は益々其親族團體を增大し民族を統一せんが爲めに日耳曼人を驅て常に西方に對して干戈を交へしめたり、斯くの如く日耳曼人は外に對しては攻擊を事とし、內に在りては之が防禦に汲々たり、即ち攻擊防禦の爲め彼等は其團體をして其爲し得る限り之を增大するの必要を感じ、攻擊及防禦の爲め尤も適切なる法則を創作するに至れり、是れ所謂軍事憲法(Heercsverfassung)にして同時に又團體員間に爭あるとき之が處辨に供せん爲め裁判所構成法(Gerichtsverfassung)をも包括せり、既に團體あれば事務あり、事務あれば之に當るべき機關なかるべからず、當時之が爲めに

一機關を設け武器を携帶し得るの年齡に達したる自由民にして男子たるものを以て組織し、民族に關する重要なる事件を裁判するの權を與へ、殊に民族の長及指揮官(王、侯、及元帥)を選任し、並に宣戰媾和をなすの權限を附與したり。

「フランケン」帝國の建設

羅馬の隆盛なる時代に當りては羅馬人は屢々日耳曼人を征服し其地方を侵畧せんと企てたり、若し夫れ日耳曼民族にして各々互に離別して全く孤立の狀態にあらんか彼等は到底羅馬人の敵にあらざるなり、是に於て乎第三世紀以來日耳曼民族中血族關係あるものは互に共同し團結し、以て羅馬人に當らんとせり、然るに第四世紀に至りて羅馬帝國の權威全く地に墜ち、之が爲め日耳曼種族より成れる一大國家の設立を見るに至れり、而して日耳曼種族中尤も强勢なりしは「フランケン」人にして、彼等は漸次他の日耳曼人を征服し、又羅馬の領土を侵畧し、遂に世界的一大君主國を建設したり、是れ即ち「フランケン」帝國なり、吾人は茲に此一大帝國の建設は獨逸の法制に如何なる影響を及ぼしたるかを研究せざるべからず、今其要點を擧ぐれば左の三點に歸着す。

「フランケン」帝國の法制に及ぼしたる影響

第一點

第一、羅馬人と日耳曼人との接觸の結果。

第二點

此接觸は次期の時代に於ける日耳曼法の發展に對し至大の影響を及ぼしたるものなり、又此接觸は日耳曼人をして深く羅馬の文字を珍重せしめ、延ひては從來不文法たりし獨逸法をして成文法となすの因を形成せり、獨逸民族の法、所謂Leges Barbarorumは此「フランケン」國時代に於て初めて伊太利語を以て書せられたるものなり、又當時に於て尤も著しき現象は、嘗て羅馬帝國に行はれたる諸種の文物、諸種の觀念の此國に輸入せられ、玆に再び、其隆盛を見たることにして、此の一事は實に後世に於ける獨逸法發展の最大原因にして、其影響の如何に重大なりしかは敢て玆に喋々するの必要なきなり。

第二、「フランケン」人其他凡ての獨逸民族が基督敎に轉宗したること。

此現象が獨逸法に影響を及ぼしたる又敢て第一の現象に劣らざるべし、何となれば此改宗の結果は單に基督敎的道德及其風俗習慣が日耳曼人種を風靡し、此時代に於ける法律觀念をして一變せしめたるのみならず、全日耳曼民族を打て一團となし、之をして同宗を奉ずる一大宗敎團體となしたるを以てなり、されば日耳曼人は羅馬法王を推戴して宗敎上の元首となし以下の僧侶を以て宗敎上

の諸侯として皆之に服從したり、且此一大宗教團體は首として公共の安寧幸福を謀り、學術技藝の普及と進步とを旨とし、殊に貧者、病者其他一般弱者の保護恤救をなすを以て其目的となしたれば、之に基く諸多の社會的運動は少くとも當時經濟上一大危機の切迫しつゝあるを明にし、當時の人をして其注意を此處に集中せしめたるの効あり。

第三、 建封制度の發生。

其後「フランケン」國に於ける「メローウィンジャン」及「カローウィンジャン」二家の爭鬪は久しく結びて解けず、之が爲め多數の一般自由民は莫大なる負債を生じ、甚しき貧困に陷りたり、又多數人民の生血を以て獲得せる土地は此等人民に屬せずして皆其王に歸屬し、王は其將帥臣下をして自己に對する服從の觀念を將來に向て益々鞏固ならしめんが爲め、其一部を割きて之に與へ、將帥臣下亦之に倣へり、是に於て乎嘗て生じたる貧富の懸隔は期せずして調和せられ、此風習は延ひて歐洲封建制度 (Leihe verhältnisse) 發生の基礎をなしたり、即ち大地主は勞力缺乏の爲め、他の自由民の勞力に對し喜んで其土地の一部を貸與し、小地主は强者の

侵畧に對して自己及其土地を防禦する爲めに土地の所有權を大地主に歸屬せしめ、自己は再び其土地を貸與せらるゝを以て反て自己の便宜となせり、斯くして小地主は漸々大地主に合併せられしが是れ封建制度(Das Lehen)の發生を催したるものにあらずして何ぞ、封建制度は王又は地方の豪族が其臣下(Vasallen)をして自己に高等なる勞務殊に騎士として軍務に服するを誓はしめ、之に對し土地(Beneficien)等を與ふるに依て成立するの制度にして毫も臣下の法律上の地位を毀損したるものにあらず、又臣下の自由をも束縛したるにあらざると、當時戰術の大變革に依り、殊に多數の騎士を戰陣に要したるとに依り、此封建の制度は愈々發達し、益々各地に傳播するに至れり。

獨逸帝國の建設及其法制に及ぼしたる影響

其後「フランケン」時代に於ける土地占有の關係は一大變革を蒙り、「フランケン」國は全く衰微の非運に向ひ、次で獨逸帝國の建設あり、英邁なる君主(例へば「ハインリヒ」一世「オットー」一世の如し)が其勢力を殆ど全歐に及すに至りて「フランケン」帝國は遂に滅亡せり、土地占有關係の變遷は其占有に各種の種類を生じ國民の間

階級制度

に極めて複雜なる關係を發生せしめ、從て法律上異れる地位を有する各種の階

領土高權の觀念

級を其間に發生するに至れり、而して此等階級の差異は延ひて國家が人民に對する關係を不平等ならしめたり、而して從來行れたる國權の觀念は封建制度の發達に依り、職權の思想に基きたる領土高權Landes hoheit)の觀念に依て全く打破せられたり、國王は諸侯たるの職權(殊に伯爵たるの權力)を世襲的に其臣下に與へ、又之を褫奪するの權利を有せり、故に國王の諸侯及其子孫に對する關係は彼等をして啻に自己の爲めに其官職に附隨する權力を行使せしめたるのみならず、自己の名を以て行使することを命じたるものなり、此等重要なる權利を許容する國王の地位に關し第十三世紀に於て既に領土高權 (Dominium terrade; Landeshoheit)の名を生ずるに至れり、かくして國の大部分は殆ど國權の直接の作用を蒙むることなきに至れり次で豪族會議の發生に依て豪族は國の政治上尤も重要なる元素となるに至れり、國の重要なる事件の處理は國王自ら之を裁斷することを得ず、必ずや豪族會議の承認を經ざるべからざるに至り、各地方に於ても亦同樣の關係を生じ、諸侯は獨斷を以て之を處理することを得ずして必ずや地方豪族會議の承認を經ざるべからざるに至れり、然るに法の制定は常に歴史的變

民族法

遷に依て影響せらる、故に此時代に於ける法律關係も亦豈一大變革を蒙むることなくして止むを得んや、中世紀の間一般法(Gemeines Recht)、帝國法(Reichsrecht)、皇帝の法(Kaiserrecht)は屢々發布せられ帝國全般に行はれしが、實際上此時代に至りては決して全帝國に行はれたりと云ふことを得ず、且つ當時に於て尤も有力たるべき一般的慣習法は裁判所構成法の不一致に依り、遂に其發達を見るに至らず第十三世紀に於て屢々發布せられたる帝國法は、重に一時の必要に迫りて憲法上の疑義を決定する爲め、若くは當時尤も緊切なりし公共の安寧及び秩序を維持する爲め發せられたる布告に過ぎざりしなり。

當時に於て尤も行はれしは所謂民族法(Stammesrecht)なり、されども此法も亦民族の混淆、地方權力の勃興等に依り漸次消滅に歸せんとせしが第十三、第十四兩世紀間に於て私人の記錄に依る民族法の著Sachsenspiegel; Schwabenspiegel等に依り辛うじて其跡を留め、又之に依り當時大に行はれたるものなることを知るを得たり、概して曰へば當時成文法の有効に行はれたる範圍は極めて狹小なりしなり、又領土高權の發達は勢ひ所謂地方法律(Territorialrecht)の成立を導かざるを得ざ

宗教法

市權法

りき、即ち各地方に於ける裁判所管轄區域、都市及び町村等は皆其固有の法を有するに至れり、(此等地方の法は勿論各地方に依て同じからず)此外當時尚所謂世間的の法に對して宗教法存在せり、是れ宗教團體に對し、若くは宗教上の階級即ち僧侶に對して行はるゝの法律なり、其他尚自由人に對しては、伯爵領の裁判所に於て行はれたる法律あり、自由人が一諸侯の領土に住居するときは之に對して封建法行はれ、又自由人以外の人民にして全く一諸侯に從屬したるものに對しては宮廷法(Hofrecht)及忠誠法(Dienstnecht)(所謂臣下の義務を定めたる法律)行はれ又第十二世紀以來都市は經濟上大なる發達をなし、遂に諸侯に對する從屬的關係を脱して自由を得、殆ど諸侯に等しき地位を得たるが爲め所謂市權法(Weichbildrecht)は獨立して都市に行はれたり。

第二節　外國法の採用及第十九世紀の始に至る法律關係

中世紀の末に至りて獨逸國の分烈は愈々其甚しきを加へたり、されども此有樣

獨逸國に採用せられたる羅馬法

は以て當時の頻繁なる交通に適することを能はざるなり、之に應ずるの手段は只法律上の統一あるのみ、是に於て乎、一世紀間の久しき既に各地の大學に於て敎授せられたる羅馬法を以て現行法とし之を一般に行はんとするの聲漸く高きに至れり、されば第十五世紀の半より第十六世紀の半に至る迄、羅馬法は隆に獨逸に輸入せられ、實際に於て其効力を有したり。

余が玆に獨逸に採用せられたりと云ふ所謂羅馬法なるものは彼の純粹の羅馬法にあらずして其少しく變形したるものなり、即ち「ユスチニヤン」皇帝が其法律書 Institutionen; Pandekten, Codex 及 Novellen に對して與へたる名稱にして吾人が *Corpus juris civilis* と稱する羅馬法を云ふ、其中最も重要なるは五百三十三年に發布せられたる Pandekten (又は Digesten) にして有名なる法律學者の斷片的論文の集合より成り、羅馬古代法律の淵源たる Leges, Edicta, Senatus consulta, Responsa prudentium 等に基くものなり、之に反して Dodox は五百三十四年に完成し、皇帝の布告を集聚したるものなり、其目的及特色は成文法の形に於て發布せられたる諸多の法律を一書に編纂したるに在り、又五百三十三年發布せられたる Institutionen は Pandekten

封建法

宗敎法

又はCodoxの研究に入るの準備として初學者の爲めに敎科書となすの目的に出で、同時に法律たる効力を有したるものなり(皇帝の發布に係はるを以て)最後にNovellenと稱するは「ユスチニヤン」帝が其以後即ち五百三十五年より五百六十五年に至る迄の間に於て發布したる法令の集合にして以上說明せる法律書の內容たる法規を變更したるものなり。

此等の淵源の外に伊太利の「ボログナ」に於て封建法(全く羅馬法と關係なし)敎授の基礎として使用せられたる一書あり、此書は第十二世紀の頃「ロンバルド」に於て編纂せられ「ロンバルド」の封建法を說明したるものにして私法的法規の集合なり、其內容は二部に分る、是れ即ち所謂libri fendorumと稱するものなり、而して此封建法は「ユスチニヤン」法典中Novellenの附錄として之に添附せられ、此法典と共に一般獨逸封建法(Gemeines dentsches Lehenrecht)として獨逸國に採用せられたり。羅馬法の採用せらるゝと共に宗敎法(Das Kanonische Recht)も亦獨逸國に輸入せられたり、宗敎法とは宗敎團體の制定したる法規にして宗敎關係を規定したるものなり、此法規は元來宗敎裁判所にのみ適用せらるゝの目的を有したりしが獨

逸國に採用せらるゝに當りては、一般的効力を有するものとして普通裁判所(宗敎裁判所に對す)にも亦適用せられたり、宗敎法は第十二世紀以來發生したる諸法規の集合にして所謂 Corpus juris canoniti (宗敎法)と稱するもの、其第一部は第十二世紀の半頃(一千百三十九年より同四十二年の間)「ボログナ」の一僧侶「グラチャヌス」の編纂に係り之を Decretum Gratiani と稱す、其大部分は聖書、宗祖に關する規定、宗敎會議の決議、法王の命令等を集聚したるものなるも、最も善く當時に行はれたる宗敎法を解說したるものなり、宗敎法には尙法王の判決、及び文書の形式を以て發布せられたる諸種の規定(epistolae decretales)附加せらる(後世單に之を(decretales と稱す)尙「グレゴール」九世「ボニファンツ」八世及「クレメンツ」五世等の發布に係る命令の集合も亦之に附加せられたり、宗敎法が其儘獨逸の普通裁判所に採用せられし所以は、宗敎法は單に純粹の宗敎的關係を規定したるにあらず、即ち單に宗敎團體其者に於ける行動(宗敎法が規定する純粹の目的は反て玆に在るも)に付てのみ規定したるにあらずして、苟も宗敎的、倫理的方面を有する事柄なる時は、普通法律の範圍內に屬すると否とを問はず凡て之に關して規定を設け

たればなり。

宗敎法は元純粹の宗敎法たりし羅馬法に基き成立せるものなるも、後屢々變更せられ、又日耳曼法の觀念の影響をも蒙りたるものにして、所謂羅馬法の獨逸に採用せられたる時之と共に獨逸國に採用せられたり。

依是觀之獨逸國に採用せられたる羅馬法は、彼の嘗て羅馬に行はれたる純粹の羅馬法即ち Corpus juris civilis にあらずして、伊太利に於て早く其理論と實際とに於て宗敎法及日耳曼法の影響を蒙りたる羅馬法なりしを知るべし、此所謂近世化したる羅馬法は獨逸の大學に於て久しく敎授せられ、全獨逸國に行はるべき一般法と看做され、法律に關する著書の財料として屢々參考せられたり、斯くの如くなれば公法及私法の內容を有する獨逸一般法(Das gemeine dentsche Recht)は羅馬法を基礎とし(從て又 Corpus juris civilis に基く)此上に建設せられたるものなり、故に大學に於て現行法として敎授せられたる法律も其實現行法たるの効力を有したるにあらず、されど共第十五世紀の終に至りて陪審官を廢して之に代ふるに學者を以て裁判官と定めて以來、此等の裁判官が外國法を適用したるが爲め

一般法(Gemeines Recht)

に其採用せられたる羅馬法は實際に於て現行法と同一の効力を有するに至りたるなり依是觀之羅馬法は裁判所の習慣に依て習慣法として採用せられたるものなることを知り得べし、而して又採用せられたる羅馬法中實際現行法と同一の効力を有するに至りたるものは實際に於て幾分の變更を蒙りつゝ裁判官に依て適用せられたるもののみなりしことを知るべし、斯くして輸入せられたる羅馬法及宗敎法の大部は獨逸國全般に行はるゝに至りたるを以て當時一地方のみに行はれたる各地方の法律(Partikularrecht)に對して之を一般怯(Gemeines Recht)と稱するに至れり、一般法は獨逸國に於て全く現行法と同一の効力を有せしと雖、各地方の法律に對しては所謂第二次の法律(Subsidiäre Geltung)補足的効力を有するもの)にして各地方の法律と牴觸するの規定ある時は、各地方の法律は一般法に先じて適用せられ、一般法は各地方の法律に規定なき部分に付てのみ現行法と同一の効力を有したるものなり、尙一般法の內容を分解すれば(第一)所謂羅馬法(第二)宗敎法及(第三)獨逸固有の習慣法及成文法の一小部分の三種より成立す、其大部分は勿論羅馬法にして其組織系統は全く羅馬法の觀念に基く、

外國法採用の結果

例へば法を公私に區別したるが如し。

以上の說明は學者の所謂外國法の採用(Reception des fremden Rechts)と稱するものにして其現今の法制に大影響を及ぼしたるや勿論にして尙將來の法制に對し無限に其影響を及ぼすべきものなり。

外國法採用の結果は當時の精神上並に宗敎上の運動(近世文明發達の氣運をなせり)と結合して近世の獨逸國即ち數多の地方的國家より成立する獨逸國の建設を速めたり、各地方の諸侯は嘗て羅馬皇帝(Princeps)が有せし地位と殆ど同一の地位を有せしも、當時彼等は尙其領土及人民に對して絕體支配權を獲得し、人民には凡て平等に其支配權を行はんことを希望し、其運動は第十八世紀に至りて地方豪族が全く撲滅せらるゝの時迄繼續せり、之に依て臣民は皆平等に國權に服從するの觀念を生じ、此平等權の觀念は大に發達し、同時に人民は皆國家の民(Staats bürger)なりとの思想を生じ、從て臣民が國權の行使に參與するの觀念は漸く勢力を得るに至れり、此觀念は今日行はるゝ彼の臣民の公選に依る代表者が臣民の共同利益を保護するの觀念に等し、斯くして此時代に於ける獨逸の地

各地方法律の制定

方的國家は遂に臣民に對して完全なる支配權を得るに至れり、從て獨逸民族の神聖羅馬帝國は漸次衰滅の非運に向ひ、遂に一千八百〇六年八月六日皇帝「フランツ」二世が獨逸皇帝の帝冠を脫したるの時を以て其終を告げたり。

されば外國法採用の結果に依りて成れる當時の法律上の狀況は全く鞏固なりと云ふことを得ず、即ち事實上現行法と同一の效力を有する外國法に對して不安の念を起すものを生じ、外國法を以て一般帝國法とし之を行ふより寧ろ一般帝國法の制定を可とするの說頗る勢力を得るに至れり、然れども之か實行極めて困難にして只僅に一千五百三十二年「カル」五世の刑法に基きて成立したる刑事訴訟法ありたるに過ぎず、(此法は爾來一般獨逸法として其勢力を有せり)然るに又一面を見る時は當時各地方の都市は漸く勃興し、中世以來各都市に傳來したる固有法を基礎として法典を編纂し以て外國法の影響を輓回せんことを企畫したり、此大勢に基きてなしたる法典編纂の事業は先つ一千四百七十九年に於ける「ニユルンベルグ」市の立法に依て現はれ、次で一千四百九十八年に「ウオルム」の立法、又一千五百〇九年に「フランクフルト、アム、マイン」市の立法あり、此等の風

全く一般法と異る地方法律の制定

潮に促され、第十六世紀の始以來、各地方の國家に於ても亦其の地方限りの法律(Landrecht)を發布するに至れり、此等の立法は元より一般法の効力を前定としたるものにして一般法を以て第二次の法律とし全く之を排斥したるにあらず、例へば一千五百三十二年及一千五百七十三年の「チロール」の命令、一千五百五十五年二千五百六十七年、及一千六百十年の「ウュルテンベルグ」の法律(Landrecht)等の如し。

之に反して第十八世紀の終以後に起りたる法典編纂の主義は其法典の行はるる地方に於ては全々一般法を排斥し、第二次の法としても尚之を採用することなく、從て一般法の行はるゝ範圍は甚しく制限せられ殆ど獨逸國の三分の一に限らるゝに至れり、玆に所謂第十八世紀以後に於ける法典編纂とは即ち左の如し、(1)一千七百九十四年の普魯西國一般法(Das Allgemeine Landrecht)(2)一千八百〇四年より一千八百十年に渉り發布せられたる「ナポレオン」法(Les cinq codes)(此法典は「ライン」河左岸の地方に於て行はれたり)、(3)一千八百〇九年の「バーデン」國の法律(其内容は佛蘭西法(Code civil)の本譯たるに過ぎず)(4)墺太利より承繼せる獨逸

新領土の全般に行はれたる一千八百十一年發布の一般民法(Das allgemeine bürgerliche Gesetz buch)及(5)一千八百六十三年の「ザクセン」國民法等なり。

第三節　第十九世紀に於ける法典編纂及獨逸新民法

法律統一の氣運

斯くの如く一般法(Gemeines Recht)の行はるゝ範圍は極めて縮小せられ、其適用も亦極めて不確實となるに至りたると、學者に依る一般法の研究尚依然として變せず法學敎授の財料として盛に使用せられ、學者をして自ら再び一般法中の基礎たる純粹羅馬法(Corpus juris civilis)の研究に潛心せしめ、從て版圖擴張せる今日の大帝國に行はるべき法典の編纂に對し大に裨益を與ふるの狀態に至りたるとに依り、獨逸國全般に行はるべき法典殊に民法々典編纂を必要とするの聲漸く起り、獨逸の各大學に於ては百年の以前旣に早く此論を主張したり、されども之か實際的運動の始めて外部に現はれたるは第十九世紀なり「ハイデルベルヒ」大學敎授「チボー」(Thi baut)氏が一千八百十四年公にしたる「獨逸國全般に行はる

べき新民法編纂の必要(Über die Notwendigkeit der Abfassung eines allgemeinen bürgerlichen Gesetzbuchs für Deutschland)と題する一書は極めて有名なりしが、素より直に之か實行の氣運に向はずして反對の聲の反て愈々高めらるゝに至れり。然るに一千八百四十八年の自由獲得運動に胚胎し、第十九世紀の半に至りては各聯邦に於て立法事業熾に行はれ、國法及刑事訴訟法に關するもの特に多く、之に加ふるに獨逸同盟(一千八百十五年より一千八百六十六年に至る)は立法權を有せざるに拘はらず二種の法律を制定せり、即ち一は一千八百四十八年の獨逸手形法にして、一は一千八百六十一年の一般獨逸商法なり、此二法律は獨逸各聯邦政府の承認に依て確定せられ、各國政府の公布に依て殆と獨逸國全般に行はれたり。

其後北獨逸同盟(一千八百六十七年)の建設は同盟が比較的廣き範圍の立法權を有したる爲め大に立法事業の速進を促したり、殊に新獨逸帝國の建設は實に此事業に對して多大の影響を與へたるものと云ふべし、何となれば獨逸帝國は既に債權法、刑法、商法、手形法及裁判の手續に關し一般に法律を制定するの權(立法

権)を有したればなり。(獨逸帝國憲法第十三條第四項參照)

獨逸帝國憲法第十三條の規定に從ひ一般獨逸手形法及一般獨逸商法は帝國法律の地位に進み、次で一千八百七十一年帝國刑法の發布あり、最後に裁判所の構成及裁判所の手續に關する一般法規の制定ありて、此制定の事業は帝國法政法律(Reichs justitz gesetze)の發布に依て其完了を告けたり(即ち是れ裁判所構成法、民事訴訟法、刑事訴訟法、及破産法の制定にして一千八百七十九年十月一日より全獨逸帝國の法律たる効力を有したり)而して新獨逸帝國の法律は獨逸國全體に對し絶體的効力を有す、故に從來行はれたる一般法は刑法及裁判所の手續に關する上述の帝國法律に依り當然其効力を失ひたり、(其以前既に聯邦法に依て、廢止せられたるものに付ては特に茲に説明を要せすして明なり)從て一般法中當時尚其効力を保持したるものは單に私法の範圍に止まりしが、此等も亦一千九百年一月一日帝國新民法の實施と共に其効力を失ふに至れり。

次て獨逸帝國の立法權は一千八百七十三年十二月二十日の法律に依て更に擴張せられ債權法の制定をなし得るに至り、從て一般民法制定の權となれり、即ち

法律の發布は獨逸新民法制定の發端なり、之より二十二年の久しきを經て始めて獨逸新民法は其完了を告けたるなり、即ち新民法草案は幾多の障害を排除して、一千八百九十六年七月一日遂に議會を通過し、同年八月十八日皇帝の裁可を得、一千九百年一月一日より全獨逸帝國の法律として其効力を有したり、新民法は其名稱の示すが如く私法中單に民法の範圍内に限局せらるゝものなりと雖私法的内容を包含する從來の法律と共に私法的關係の全部に渉るものなり、之を以て從來各聯邦に行はれたる法律(Landrecht)(從て一般法)は原則上悉く其効力を失ひたり、唯新民法が留保を爲したる範圍に於てのみ、此等の法律(從て一般法の規定も)は其効力を保ち、此範圍内に於てのみ新民法と共に並ひ行はるゝなり、且つ新民法が此等留保をなしたるは、主として一地方の事柄に關する場合例へば上水權、下水權、堤防權、狩獵權及漁業權等に關する場合及ひ聯邦國家の公法に關係ある場合例へば國家及公共團體は其機關の爲したる行爲に付て如何なる責任を負ふべきか等に關する場合なり、依是觀之此れ等の例外的規定は毫も法典編纂當時の精神に戻るものにあらざるなり、從て一帝國に統一せられたる獨

逸民族は此新民法に依て始めて共同の法典を有し、民族的統一を完成するに至りしなり、獨逸新民法の内容は其根本に於ては羅馬法に基き又獨逸固有の法律觀念をも多く採用したりしも、形式に於ては是れ全く獨逸帝國の法典なり。

第二章　獨逸法學史

（附、法律觀念の種別）

第一節　註釋家時代（Grossatoren）

獨逸法學の發展は西歐諸國に於ける羅馬法學の盛衰に牽聯す、「ユスチニヤン」法典は紀元五百五十四年「ベリザール」が西歐諸國を征服して以來此處に採用せられ、又法律として稍々其効力を有したりと雖、羅馬法が此地方に於て盛に研究せらるゝに至りたるは第十二世紀以來のことにして「ボログナ」法學校の建設に始まる、純粹羅馬法 Corpus juris civilis を以て皇帝の法とし、從て人民に對し拘束力を有するものとなしたるは、中世紀に於て一般に採用せられたる觀念なり、されば中世紀に於ける法學大家（所謂、註釋家（Grossatoren）は純粹羅馬法の各編即ち Digesten,

註釋家の採りたる方法

「アツルルジユース」氏

Codex, Institutonen 及 Novellen の各規定に付き字句の詳說をなし、及び章句間に存する前後の關係等に付き精細なる說明を施し之か註釋を與ふることを以て其研究の骨子とせり、されば當時西歐諸國に於ては「ユスチニアン」法典に精通したる有名なる學者頻々として輩出せり、此等有名なる學者中尤も有名なるもの丶中に付きても尙互に意見解釋を異にすることろなきにあらざりし爲め、解釋書は夥しく增加するに至れり、是に於て乎第十三世紀の半に至り一註釋家「アックルジユース」(Accursius)氏は諸大家の註釋を集聚して一大註釋集を編纂したり、所謂 *Glossa ordinaria* と稱するもの是なり、又同氏に依て註釋家時代は其終を告けたり。

第二節 後期註釋家時代、(Postgrossatoren)

註釋家に次て出でたる者を後期註釋家(Postgrossatoren)となす、其研究の方法は主として「ユスチニヤン」法典に註釋をなし、諸多の觀念を比較して之が區別差異を論じ、之を基礎として極めて錯綜せる論理法に依り、之が系統を作り、又說明の目

後期註釋家の貢献

的たる事項其者に特に重を置きたり、されば後期註釋家は羅馬法に貢獻せし所甚だ大ならず、其功勞は反て實際家たる法學者が當時の法律觀念を羅馬法と接合したるに在り、之か爲め多少牽强附會の解釋ありたるは素より免れざるも概して「ユスチニヤン」法典中の規定を當時の風潮及び需用に適合せしめたるは其功と云はざるべからず、而して羅馬法を當時の風潮に適合せしめ、之を近世化したるは此法か獨逸國に採用せらるゝの氣運を催進したるものと云ふべし、若し

第二の貢献

夫れ當時羅馬法の純粹觀念のみを理解し、羅馬法は近世法殊に獨逸固有法の觀念と大に差異あることを認識したりしとせば、全く別異の觀念を包含する此外國法を自國に採用するの氣運に向ふことゝ極めて難かりしや蓋し多辯を要せざるべし、後期註釋家か近世に與へたる第二の効果は其論理的解釋法を「ユスチニヤン」法典の各條に付て試みたるに在り、之に依て其各條項に含蓄せらるゝ根本的觀念愈々明白となり、之と同時に近世法に於ける秩序的觀念の基礎を形成するを得たり。

古代文學復興の影響

第三節　佛蘭西學派(Französische Schule)

中世紀の終に於ける歐洲の精神的活動は極めて熾なりしが、此活動は法律學の研究にも亦大に影響を及ほしたり、第十五世紀に於ける古代文學(希臘、羅馬の文學)の復興は、第十七世紀に至り、當時の人心をして、羅馬法を以て古代文學の一部となし、之に對し、根本的完全なる說明を施し、以て文學上に於ける羅馬法の意義を明にせんことを勉めたり。

古代文學研究の方法は演繹的に法規の內部關係を確定し、之に依て得たる法律觀念に基き其內容を統一結合し、以て之を秩序ある敎程に編成せんとするに在りたり、此敎理的及秩序的智識に基きて研究せんとするの方法は、法律學に對して新に一生面を開きたるものにして其代表者は佛國に現はれ、第十六世紀に至り彼の有名なる佛蘭西學派(Französische Schule)を形成したり、此學派は伊太利に於ける註釋家及後期註釋家と互に對立し、前者は後者に對し(Mos Gallicus と Mos Italicus)遙に勝りたるものと云ふべし、註釋家及後期註釋家は分析的方法を以て法

佛蘭西學派研究の特色

律學を無數の統一なき部分に分別したるに反し、此新學派殊に佛蘭西學派は之を統一結合し以て一團の法律學を形成せんとせり、之に依て獨逸の大學に於ける教授の方法には種々の異れる主義を生じ、大に其發達を促したり、何となれば系統なき個々分離の觀念を統合せんとするの方法は各部門に於ける法律關係の異同を明にし、從て羅馬法の取りたる分類法を以て滿足せず、新なる分類法に依り新說明を下さんことを勉むるに至りたればなり、其結果第十六、十七兩世紀間に民事訴訟法、刑法、刑事訴訟法、國法及國際法は獨立の各分料として大學に於て教授せられ、又學者の著書に於ても之を別個に說明するに至り之と同時に羅馬法の研究は單に私法の範圍に限局せらるゝことゝなれり。

第四節　獨逸實際學派（Schule der dentschen Praktiker.）

斯くの如く法律學は新學派の熱心なる研鑽に依て多大の進步を來したりと雖、尙未だ實際家（即ち裁判官等）の滿足を買ふこと能はざりき、即ち當時尙學者の研究は羅馬法即ち當時代に於て實際に確たる効力を有せさる他國の法律の解釋

独逸實際學派の主義

其貢献

をなすを以て其唯一の目的となしたるを以てなり、是に於て乎此等研究の趨勢に對して新なる一學派の勃興を來したり、此研究方法は殊に獨逸に於て熱心に研究せられたる方法にして裁判所に於て實際に適用せらるゝ法律を研究せんとするに在り、是れ即ち獨逸實際學派(Schule der dentschen Praktiker)と稱せらるゝものなり、此の學派の貢献は第十七世紀の頃盛に公にせられたる著書即ち羅馬法を近世化するの主義を採りたる著書に依て現はれたり、此等著書の特徴は第一「パンデクテン」(Pandekten)の標題の順序に從ひ、各其題號の下に之に關する法律關係を系統的に排列説明し、從て羅馬法中 Pandekten, codex, Institutionen 及 Novellen の各規定を注意し、殊に純粹羅馬法にあらずして獨逸國に採用せられたる羅馬法を説明したるに在り、第二は羅馬の規定と共に獨逸固有法に於ける私法を説明したることとなり、例へば羅馬の嫁資法(Dotalrecht)と共に獨逸固有の婚姻財産制度をも説明したるが如し、之か爲め羅馬法の觀念と獨逸法の觀念とは大に融合し、次て兩觀念の差異益々明亮となり、獨逸法の研究は之を特種のものとなし、全く之を獨立せしむるの域に進み、第十八世紀の始以來、獨逸私法の法規は獨逸私

「パンデクテン」法學の意義

法の下に獨立し、著書に依り大學の教授に依り、全く特別研究の目的となれり、其結果「パンデクテン」法（Pandektenrecht）は宗教法及獨逸法に依て變更せられ、一般法として獨逸國に採用せられたる當時の羅馬法を意味するに至れり「パンテクテン」法學とは此意義に於ける羅馬法學を指示するに至れり、是れ現今に於ても依然行はるゝの觀念なり。

第五節　自然法學派（Naturrechtliche Schule）又は哲學派（Philosophische Schule.）

されども獨逸實際派の影響に依りて成りたる獨逸當時の法律界は決して喜ふべき狀態にあらざりしなり即ち全々異りたる觀念に基く諸種の規定（純粹羅馬法、宗敎法及 Libri fendorum に基く）と、獨逸固有の觀念に基く各種の地方的規定とは、互に混淆錯綜して紛然殆ど名狀すべからざるの狀況に達せり、加ふるに三十年戰爭の影響たる經濟上の窮狀は之と結合して益々紛然たらしめたり、是に於て乎學者は法律學の純理と、自然法の原理とに依て根本的解釋をなさんことと

自然法學派の理想

を希望するに至れり此自然法(Naturrecht)の觀念は法律の制定に極めて多大の影響を及ほしたるものにして、此觀念に從ひ研究の歩を進めたる學派は之を自然法學派(Naturrecht liche Schule)又は哲學派(Philosophische Schule)と稱したり、第十七世紀に於て既に公法及國際法に重大なる影響を及ほし、第十八世紀に至りては此觀念は私法の範圍にも亦大勢力を有するに至れり吾人の心裏に自ら存在する理性の作用のみに依て全く新法律(所謂自然法)を制成せんとするは此學派の目的なり、即ち一般人民に理解し得べき簡明なる法規に依て人民の安全と幸福とを擔保増進せんとしたるに在り。

此學派に屬する法律學者は、一般に曰へば(所謂自然法的法規を創出せんが爲めに從來行はれたる諸種の法律上の觀念は之を度外視することを得ざりしと雖)最も自由なる態度を以て法規に臨み、殊に屢々獨逸固有法の觀念を可とし、既に現行法となれる羅馬法の規則を之に依て改廢し、自然法の定理的法規を以て之に代へんことを主唱したり、されば此學派の影響を蒙りたる法律殊に魯普西國の一般民法(Das allgemeine preussische Landrecht)及墺太利民法の如きは大に獨逸固有

自然法學派の貢獻

の法律觀念を包含せり、殊に純理を考索せんとする當時の傾向は大に一般法學に貢獻したる所あり、即ち法に依て支配すべき法律關係の範圍を全く自由のものとし、専ら當時の需用に適應すべき分類と説明とを與へたるに在り、殊に私法に對する此學派の貢獻に付て記憶せざるべからざるは、全私法を總則、物權、債權、親族及相續の五種に分類したることにして、此分類は今日に於て尚吾人が採用する所なり、之に依て從來行はれたる「ユスチニヤン」法典の Pandekten の分類順序は全々廢止せらるゝに至れり。

第六節　歷史學派 (Historische Schule)

「サビニー」氏と其主義

第十九世紀の始に至りて、現行法及其歷史的發達に重を置くの新主義發生したる爲め、自然法學派の空想的、推理的方法は大に反駁を受くるに至れり、此新主義に據れるものは所謂歷史學派にして、其首領を「サビニー」(V. Savigny) 氏となす、(氏は一千八百十四年「現今の法典編纂事業」と題する著書を以て有名なり) 氏は現在は過去と離るべからざるの關係を有すとの觀念に基き、各國法律の特質は其國

民の過去の文明發達の程度に影響せらるゝもの多き所以を唱導し、又法律は單に歴史の研究に依て之を理解することを得るものとし、自然法學派の觀念を全く排斥し、法律は全く時代の諸學に依て影響せらるゝものにして、時代の習慣に依て發生する習慣法に過ぎざるものなることを主唱せり、氏の法律觀念に基く歴史的研究は近世法制史の發達上に多大の影響を及ぼしたり、氏は又現時の法律關係を說明するに此方法を以てし、尤も獨斷的に系統的に之が解釋を試みたり、されども氏の見解は自然法學派に反對することあまりに激甚にして、他の極

「サビニー」氏の謬見

端に走りたるものと云ふべし、されば氏の歴史的研究に對し茲に新に一學派の勃興を來せり「サビニー」氏及其學派の研究は成文法及習慣法を凡て時代の方面より觀察し、其結果を證明するに止まりたり、換言すれば法律上重要なる事實の

最近學派の理想

みに付き編年的觀察を爲したるに止まりたるなり、然るに第十九世紀の後半に於ける人種學の發達及文明史の發達に依て、法律は民族の特質及び其文明の程度に從て制定せられざるべからずとの觀念發生するに至れり、(是れ「サビニー」氏の要求とも一致す)加之當時尚社會學殊に國民經濟學の研究に依て、法律の制定

は大に此二者の影響を受けざるべからざることを確むるに至れり、法律は單に其時代に於ける社會狀態及經濟狀態の反響たるに止まらず、寧ろ大に此二者を變革指導するの力を有するものなり、されば立法者は以上の二關係に適合したる、換言すれば事物の性質に適合したる法規を制定して、國民の幸福を增進するの力を有するものと云ふべし、然るに此等社會政策上の觀察は決して法制の發達を度外に置くことを得ず、何となれば、實質上殆ど同一なる關係を有する國に在りても、單に立法の差異あるが爲めに、一は大に進步し、他は大に退步するの現象を呈することあればなり、されば吾人は「サビニー」氏に依て其端緖を開かれたる歷史學派の硏究方法を基礎として發達したる現時の新學派も亦法律の發達に對し、多大の影響を及ぼしたるものなることを知らざるべからず。

第七節　結論

以上の歷史的說明に依り法律學硏究の方法は大體に於て四種に分かるゝことを知る、即ち解釋的方法、系統的方法、究理的方法（又は哲理的方法）及歷史的方法と

一、解釋的方法

二、系統的方法

三、究理的又は哲理的方法

す。

第一、法律學研究の基礎は第一に法文の解釋なり、即ち言語の慣用、意義、文法(文理解釋)及諸多の事情、例へば法律成立當時の事情、他の法條との關係、及法律の目的(論理解釋)を明にするを要す、法文の解釋は間接に法律適用の準備となり又直接に日常の複雜なる生活關係に、適用するものなるを以て法規の意義を層一層明劃にし擴張するものなり。

第二、系統的研究の方法は元解釋的方法に基くものにして、之に依て得たる法律觀念を基礎とし、現行法の各條を系統ある一團に組織編成するの方法なり、此方法は法律關係を各種の部門に分類するものにして、大學には之に從ひ各部門に付き各別に研究し、敎授するの傾向を生じ、各部門の進步發達は法律全體の發達を促すものなり、然れども此方法は各部門間に存在する相互の關係を明にするにあらざれば決して其目的を達することを得ざるものなり、是に於て乎又別に法學通論(Rechtsencyklopädie)の一分科あるなり。

第三、究理的又は哲理的研究の方法とは、法律を人類生活の必要條件たる方面よ

四、歷史的方法

り研究するものにして、法律を以て人類の理性的道德的性質に淵源し、人類社會殊に一國民の文明的、社會的及經濟的狀態に影響せられて成立したるものとなすなり、此說は法律に類する他の學科即ち道德經濟等の智識を必要とするものにして、殊に法律が一般學問の系統中如何なる地位を占むるものなるかを知るを必要とす、されども此說に最も必要とする一要件は、別に法律學の根本觀念を確立するに在り、是れ即ち法理學の一分科を必要とする所以なり。

第四、歷史的研究の方法とは、法律發生の順序沿革を說明するの方法にして、各時代に於ける法律の變遷は其時代に於ける社會狀態の變遷の結果なりとなすものなり、此方法は法律に影響する凡ての社會狀態を說明し、從て法律の解釋を容易ならしめ、又時勢の需用に從て適當なる解釋を與へ、尙社會狀態の變遷に從ひて法律の改正を期するものなり、而して此方法には又哲學的智識を必要となすべし、何となれば各法規は其時勢の一般文明に大關係を有するものなればなり、而して法律と一般文明との關係は、各國法制史の比較的研究に依て始めて之を明劃にすることを得るなり、而して最新學派の主義は前旣に之を述べたり。

第三章　國法沿革

（獨逸帝國の設立及獨逸憲法の沿革）

國法の範圍は極めて廣汎なり、其沿革を悉く叙述せんと欲するも紙數に限あるを如何にせん、故に茲には只獨逸帝國の設立を論じ、憲法の沿革を述ぶるに止むべし、又獨逸古代の沿革は總論に於て略ぼ之を述べたると、其必要の程度の大ならざるとに依り、茲には只最も近世の沿革を述ぶるに止めたり、讀者乞ふ之を諒せよ。

第一節　獨逸同盟(Dentscher Bund)の解散

獨逸國民が其政治上の必要に迫まられ憲法を制定せんとするに至りたるの沿革は、遠く過去の時代に溯りて其根本を究めざるべからず、憲法制定の傾向は前獨逸帝國時代に於て已に存在したるのみならず、尚其以前に於ても既に萠芽を發し、屢々此目的に到達せんとするの運動起れり、又獨逸帝國設立の沿革及其政、

獨逸憲法を新に制定せんとの意見（普魯西國の提議）

沿上の運動を叙述せんには法律上の沿革を觀察するを以て最も至當の事とす、何となれば法律の制定は國法上獨逸帝國の設立に重要なる關係を有し、殊に獨逸帝國憲法制定の如きは最も之と密接の關係を有するものなればなり、故に獨逸帝國設立の沿革を述べんとせば、勢ひ一千八百六十六年獨逸同盟瓦壞の事實に論及せざるべからず、獨逸同盟の憲法を改正せんとするは當時國民一般の希望なりしも、其運動は悉く効を奏せず、一千八百六十六年に於ける普魯西國の企圖も亦全く水泡に歸したり、是に於て乎獨逸憲法を新に制定せんとするの意見普魯西國政府より現はれたり、即ち一千八百六十六年五月十一日、普魯西國の代表者は同盟憲法改正委員會に其意見を提出し、同盟機關の一として定期に召集せらるべき國民代表の會を設け、同盟各國に共通の事項は、此會の協賛を經て之を規定し、將來同盟法律を以て定むべき一定の領土に之を行はんとするに在りき、其他普魯西國政府は此會の權限、領事制度の組織、獨逸陸海軍の編成及軍事に關する同盟憲法の改正案等を提出したり、然るに同盟議會は此提議に付き多くの注意を拂はざりき、一千八百六十六年六月十四日、墺太利國政府は墺太利及

普魯國の宣言

墺太利國の承認

普魯西の何れにも屬せざる同盟國一般の軍隊なるものを認め、之が動員に關する規定を制定せんとするの提議をなし、同盟議會は之を可決したり、普魯西國は之を以て從來の同盟條約を無視したるものとし、獨逸同盟を以て已に消滅したるものと看做すべしとの宣言をなしたり、然るに一千八百六十六年の戰の間普魯西國に加盟したる北獨逸及中部獨逸の諸國は、悉く此普魯西の反對宣言に賛同し、一千八百六十六年七月二十六日「ニコルスブルヒ」の假平和條約第十一條に於て墺太利國は從來成立したる獨逸同盟の分裂を承認し、之と同時に墺太利帝國を除きて新に獨逸國を組織せんとするの企圖に對し亦承認を與へたり、一千八百六十六年伯林平和條約に於て「バイエルン」(Beyern)、「ザクセン」(Sachsen)「ウエルテンベルヒ」(Württenberg)、「バーテン」(Baden)、「ヘッセン」(Hessen)、「ロイス」(Reuss)及「ザクセン、マイニンゲン」(Sachsen-Meiningen)等は「ニコリスブルグ」の平和條約に加入し、「ハンノバー」(Hannover)「クールヘッセン」(Kurhessen)、「ナッサウ」(Nassau)及「フランクフルト」(Frankfurt)の數國は、國家の資格と其存在とを失ひ一千八百六十四年十月三十日納也納の平和條約に依て、丁抹國より割讓せられたる侯國領と共に悉

獨逸同盟解散の承認

獨逸同盟成立の間に行はれたる法規の關係

く普魯西國に合併せられたり、又一千八百六十六年五月十九日、和蘭國王を經て獨逸同盟より分離せんことを提議したる「ルクセンブルヒ」(Luxemburg)及「リンブルヒ」(Limburg)の二國は、普魯西の分離以來、其議員を同盟議會に出席せしむることなく、獨逸同盟の解散を承認し、又一千八百六十七年五月十一日倫敦條約に依て、明に新獨逸國の設立を承認したり、斯くして先づ獨逸同盟の各員たる凡の國家は、國際條約の形式を以て皆等しく獨逸同盟の解散を承認し、次で一千八百十五年維也納會議に於て、獨逸同盟の設立に預りたる歐洲諸大國も亦悉く一千八百六十七年五月十一日倫敦條約第六條を以て、獨逸同盟の解散を承認したり。

獨逸同盟は全く國際的關係を有したるに過ぎざれば、其解散も亦全く凡ての方面に於て同盟を消滅せしめたり、從て此同盟法律を承繼すべき法律なく、又同盟の成立期間に於て、同盟の決議に依り、獲得したる權利を除き其他の同盟の決議は其解散と共に悉く其効力を失ひたり、同盟は又立法權を有せざりしを以て、同盟法及其他同盟が爲したる議決は法律にあらず、其法律として取扱ひたるは濫用なりき、故に此等の決議は同盟各國間に於ける國際法的關係を有するに過ぎ

「ビスマルク」侯の提議

ざるか、又は同盟各國に於て之を法律として發布するときは其國限りの法律として効力を有するに過ぎざりしなり同盟各國限りの法律にあらざる法律、即ち同盟各國間の關係を凡て同一に支配する法律なるものは、決して存在せざりしなり、同盟の決議に依て成立し、而して同盟各國の全部に其効力を有したる法律は同盟法律にあらずして同盟各國の法律なりしなり、故に此種の法律は獨逸同盟の解散と共に消滅することなかりしが、獨逸各國間に獨逸同盟の名を以て成立したる諸規定は、獨逸同盟の解散と共に其支配の目的を失ひ、全々消滅したり。

第二節　北獨逸同盟(Norddeutscher Bund)の成立

一千八百六十六年六月十日、即ち獨逸同盟解散の少しく以前「ビスマルク」侯は獨逸政府に新同盟憲法の基礎と題する一書を提出して其討議を求めたり、之と同時に同年同月「ハンノバー」「ザクセン」「クールヘッセン」「ヘッセン、ダルムスタット」及「ルクセンブルグ」を除き、其他の北方獨逸諸國に對し、同盟をなさんことを提議せり、「ザクセン、マイニンゲン」及「ロイス」は之を拒絶せしが、其他の諸國は皆之を承

伯林條約

認し、同年八月十八日、伯林に於て同盟條約を締結せり、其後伯林の平和條約に依て「ザクセン」王國、「ザクセン、マイニンゲン」「ロイス」及「ヘッセン、ダルムスタット」は又此同盟に加入したり。

伯林條約の內容

此條約に於ては、先づ同盟各國の獨立と、其內外に對する安寧を維持せんが爲めに攻守同盟を締結し、次で同盟の目的は同盟憲法に依て之を明確にせんことを期し、一千八百六十六年六月十日、普魯西國の提議に基き、同盟各國より選出したる代議士會（同盟議會）に於て同盟憲法を制定せんことを誓約せり、此目的を達せんが爲めに各國政府は、一千八百四十九年四月十二日の選擧法に依り選出せられたる者を以て同盟議會の議員となし、六月十日の提議に從ひ、同盟憲法制定の爲め、各其代表者を伯林に派遣すべきことを約したり、而して同盟の繼續期間は、條約第六條に依り、一個年とし、此期間經過前に於て更に永續的性質を有する同盟の基礎定まらざるときは、此條約は自ら其效力を失ふものたることを誓約したり。

伯林條約（八

一年間有効たるべき攻守同盟に關する事項の外、同盟各國は同盟憲法制定の行

月條約)の性質

爲をなすの義務を負ひたり、故に各國は同盟をなしたるにあらずして寧ろ同盟をなすべき義務を負ひたるものと云ふべし、各國の合意は自ら憲法の制定をなすにあらずして、各國は憲法制定の方法に付き合意をなしたるものと云ふべし、一千八百六十六年八月十八日の同盟條約及び之を擴張したる平和條約は、國際條約と同一にして相互間に權利及義務を發生せしめたるに過ぎず、八月條約の條件に從ひ、同盟一度成立するときは、各國は以後之より脫することを得ず、又決して除外せらるゝことなきなり、されども八月條約は、又北獨逸同盟を成立せしめたるにあらず又同盟憲法の完成と共に消滅すべきものにあらず、此獨逸同盟の設立ありたるとき始めて消滅すべきものなり、各國は各其義務を盡さんが爲めに、一千八百四十九年の選擧法に最も類似の選擧法を各國議會に提出したり、一千八百四十九年の選擧法は、二三の國殊に普魯西及「メクレンブルヒ」に於ては極めて僅少なる變更を以て之を承認したり、而して同盟各國の代表者は一千八百六十六年十二月十五日憲法草案を確定せん爲め伯林に會合したり「ビスマルク」侯は普魯西國政府の名を以て、一千八百六十六年六月十日の草案に改正を加

十二月伯林會議の覺書

北獨逸同盟議會の招集

へて、之を此會議に提出したり、此案の各條に關する討議及政府提出の改正に付ては特に覺書を作製することなかりしも、其確定の結果に付ては四個の覺書を作製したり、其第一は一千八百六十七年一月十八日の發布にして、普魯西國王は招集せられたる議會に對して、同盟各國の政府を統一的に代表し、議會の招集、開會、延期、閉會及解散の權を有することの決議を記載し、其第四は一千八百六十七年二月七日の發布にして、改正憲法草案は各國政府の名を以て普魯西國王之を提出したるものたることを各國政府に於て承認したる旨を記載したるものなり、一千八百六十七年二月十二日總選擧終結の後、普魯西國王は一月十八日の公

布に基き、一千八百六十七年二月二十四日、北獨逸同盟議會を伯林に招集し、各國政府は各其草案を提出したり、議會に於ける討議に於ては改正の個所も少なからざりしも、大體に於ては草案の原觀念を存し、苟も之に反する改正は之を排斥せり、此討議は四月十六日を以て終り、五十三に對する二百三十の多數を以て之を可決したり、其結果は畢竟草案に瑣少の改正を加へたるに過ぎざりしなり、同日各國政府の代表者は悉く一堂に會合し、皆共に同盟議會の決議に依りたる憲

北獨逸同盟議會の性質

法草案を承認することを議決したり。

此議決に依て生したる法律關係及性質を述ぶれば、即ち北獨逸同盟の設立は之が爲めに未だ全く完成したるにあらず、同盟議會は法律上の意義に於ける議會にあらずして、寧ろ選出せられたる臣民の集合なりしなり、其憲法草案を議決したるは單に之に賛同するの意味を有したるに過ぎず、此議會は單に同盟憲法を討議するの權限を有したるのみ、されども同盟各國は八月同盟及此同盟の內容を擴張せる平和條約に於て定まれる法律關係は之を變更することなかりき、只其第五條は履行に依て自ら消滅し、第二條は其內容より云へば一層精密に確定せられたるものなり、即ち同盟各國が其代表議員に依りて同盟憲法を議決するの權利義務は、變じて一千八百六十七年四月十六日成立の憲法を有する同盟に加入し得るの權利義務となれり、即ち同盟を創設すべき各國の義務は、今や全く滿されたるものと云ふべし、されども各國の政府は各其國の議會の決議あるにあらざりれば何事をもなすの權利を有せざるを以て、各國は憲法變更の重大なる手續を以て其加入の權限を確定せざるべからず、何となれば此同盟に加入す

(三)北獨逸同盟憲法草案の處置

る時は各國の憲法は著しく變更せらるゝものあるを以てなり、されば同盟憲法草案は各國に於て之を各其議會に提出し、其贊同を乞ひ、法律發布の形式を以て之を發布し、之と同時に此憲法は一千八百六十七年七月一日より實施せらるべきものなることを明記したり、されども之が爲めに北獨逸同盟議會の議決したる憲法は、直に同盟各國の法律に變じたりとなすものあらば是れ誤なり、何となれば北獨逸同盟の成立及之が加入は、更に同盟各國の行爲を要すればなり、故に各國は意思能力者及行爲能力者として、北獨逸同盟創設の意思を決定し之を表

北獨逸同盟憲法

示したり、而して此同盟に加入する意思決定の方法は同盟憲法を採用し、之を公布するの外なかりき、北獨逸同盟の目的、其區域、同盟員の數及其權限等は同盟憲法に於てのみ之を明確にすることを得たり、又北獨逸同盟の名稱も此憲法に依て形式的に確定せられたり、其第一條に曰く「北獨逸同盟の憲法は、十個國の領土に於て、一千八百六十七年七月一日より實施せらる」と又曰く「十個國は一千八百六十七年七月一日に北獨逸同盟に加入す」と、而して一千八百六十七年六月の法律は北獨逸同盟憲法其者にあらずして、單に各國は此憲法に依て定まるべき同

盟に加入すべしとの宣告に過ぎざりしなり。

北獨逸同盟の成立

此六月の法律に依る各國の意思表示及之か實行の爲めになしたる各國政府の行爲は、八月同盟條約を完全に實施したるものと云ふべし、而して八月同盟條約は其第六條に依り、北獨逸同盟の設立と共に自ら消滅したり、北獨逸同盟の成立は一千八百六十七年七月一日にして、之より以前にあらず又以後にもあらざるなり、同年七月十四日普魯西國王は、伯「ビスマルク」をして、北獨逸同盟の宰相となし、同二十六日始めて同盟國の官報を發布し其第一號に於て汎く同盟憲法を公布したり。

北獨逸同盟成立と其憲法との關係

北獨逸同盟は此憲法なくして存在することを得ざるなり、又此憲法の實施は北獨逸同盟に先づることを得ざるなり、此同盟は之を設立するの目的を有したる同盟各國の行爲に依て成立したるなり、各國は此同盟に憲法を附與し、同盟は其成立と共に其組織と權限とを有したるなり、而して各國は此憲法を各其國に附與したるにあらずして同盟其者に附與したるなり、之に依て北獨逸同盟の成立は同盟各國の法律に依りたるにあらずして、之を設立せんとする同盟に加入し

北獨逸同盟と獨逸南方諸國との同盟

其內容

關稅同盟

たる各國の自由意思に基き其行爲に依りたるものなることを知るべし。

第三節　北獨逸同盟と南方獨逸諸國との關係

南方獨逸諸國即ち「バイエルン」「ウユルテンベルヒ」「バーデン」及「ヘッセン」の四國は、「プラーグ」の平和條約第四條に基きて同盟聯邦より分離したり、され共此分離は南方諸國をして一大同盟を形成せしめたるものにあらず、此等の諸國は反て國際的條約に依り、北獨逸同盟と政治上極めて重要なる同盟を形成したり、即ち左の如し。

第一、平和條約の締結と共に普魯西國と南方諸國との間に防禦及修交同盟成立し、之に依て當事國家は互に其獨立を擔保し、戰時に於ては互に其軍隊を派遣し、南方諸國の軍隊に對する最上の指揮權は、之を普魯西國王に委任することを定めたり。

第二、一千八百六十七年七月八日の關稅同盟は、單に物品交通の自由と戰以前に於ける關稅區域を維持したるに止まらず、更に同盟に鞏固なる組織を與へ、之が

永續を擔保したるものなり、關稅同盟は單に條約的關係を定めたるに過ぎざるも、其組織に至りては全く北獨逸同盟の憲法に倣ひたり。

第三、以上の外、戰以前に締結したる條約は、新獨逸國の再興を妨害せざる限りは之を復舊し、補缺することゝせり。

第四、同盟憲法は其制定當時に於て、既に早く南方諸國の加入を豫想したり、其第七十九條第二項に曰く「南方獨逸諸國又は其一國の加入は同盟の長の發議により同盟法律を以て之を定む」と、是れ北獨逸同盟への南方諸國又は其一國との加入に關する條約は北獨逸同盟の立法機關に依り、普通の同盟法律を以て定むるものにして、別に北獨逸同盟憲法の變更を要せざることを示したるものなり。

第四節　獨逸同盟及獨逸帝國の設立

獨逸同盟設立の端緒

南方獨逸諸國を加入せしむるの同盟に關する商議は、北獨逸同盟と佛國との戰の間に其端緒を開けり、此發議者は「バイエルン」國にして、同盟各國の代表者と「バイエルン」及「ウユルテンベルヒ」との間に於ける商議は、先づ「ミユンヘン」市に於て

「ウェルサイユ」條約

開かれ次て佛國「ウェルサイユ」市の陣中に於て其討議を繼續し、其結果左の條約の締結を見るに至れり。

第一、一千八百七十年十一月十五日「ウェルサイユ」に於て締結せられたる北獨逸同盟「バーデン」及「ヘッセン」間の條約之に獨逸同盟の憲法を添附したり)は一千八百七十一年一月一日其効力を發生すべきこと。

第二、北獨逸同盟、「バーデン」及「ヘッセン」と「ウユルテンベルヒ」との條約は、一千八百七十年十一月二十五日伯林に於て締結せられたり、此條約は十一月十五日の「ウェルサイユ」條約に「ウユルテンベルヒ」も亦加盟することを定めたるものなり、但し之には「ウユルテンベルヒ」に關する二三の特別規定を包含し其外尙一千八百七十年十一月二十五日伯林の覺書及一千八百七十年十一月(「ウェルサイユ」に於ては二十一日、伯林に於ては二十五日)の軍事に關する條約を含む。

第三、一千八百七十年十一月二十三日「ウェルサイユ」に於ける北獨逸同盟と「バイェルン」の條約、此條約には獨逸同盟の憲法を含む、此憲法は北獨逸同盟の憲法に對する例外規定、「バイェルン」に關する持別規定を定め、尙一千八百七十一年一月

「ウエルサイユ」條約の性質

一日の條約を實施すべきことを定めたり、一千八百七十年十一月二十三日「ウエルサイユ」の覺書亦之に屬す。

第四、一千八百七十年十二月八日、伯林に於て調印せられたる條約は、「ウユルテンベルヒ」「バーデン」及「ヘッセン」の三國が北獨逸同盟と「バイエルン」との條約に加盟することを定め、尚「バイエルン」國が北獨逸同盟と「ウユルテンベルヒ」「バーデン」及「ヘッセン」との條約に加盟することを定めたり。

第五、「バイエルン」國王の發議に依り(此發議は「ビスマルク」の勸誘に基く)獨逸各國の政府は、以後獨逸同盟を獨逸帝國と改稱し、其主權の行使は獨逸皇帝の尊稱と伴ふべきことに一致せり。

「ウエルサイユ」の十一月條約(一千八百六十六年伯林の八月條約を準用す)は、國際條約の性質を有するものにして又一種の權利義務を定めたり、其義務の目的は獨逸帝國の設立なり、此設立行爲は此條約の履行を以て終了し、此條約の履行は又各國間に於ける條約的の關係を消滅せしむるものたり、北獨逸同盟と南方獨逸諸國との法律關係は、十一月條約の規定に從ひ、一千八百六十七年四月十六日

獨逸帝國の設立

（憲法草案の議決）より同年七月一日迄の間、北方獨逸諸國相互の間に存せし法律關係と全く同一なりき、此條約は北獨逸同盟議會及南方諸國の議會に提出せられ、其承認を經て各國に通知せられ、次で各國は各其官報を以て之を公布したり、此公布は一千八百六十七年六月、北獨逸同盟法の各國法的公布と其意義を同ふしたるものにして、獨逸帝國の設立は、十一月條約に於て締結せる規定に從ひ、一千八百七十一年一月一日其完成を告けたり。

北獨逸同盟の設立と獨逸帝國の設立とは、前者は全く創造的にして後者は前者の改正たりし點に於て差異あり、獨逸帝國の設立は北獨逸同盟憲法の豫想したるものにして其同盟の擴張と變更とに過ぎざりしなり、されば北獨逸同盟と獨逸帝國との間には法律上の一致あるを見る、されども「ウヱルサイユ」の條約を北獨逸同盟が承認し之を同盟官報を以て公布したるは、其關係全く南方諸國に於けるものと異れり、何となれば此行爲は單に同盟を擴張したるに止まらず北獨逸同盟各國間に嘗て存在せし法律關係を少なからず變更したるものなればなり、例へば同盟の權限を擴張して結社及出版制度に及ぼし、憲法改正の手續をし

て極めて嚴格ならしめたる等の如し。

第五節　獨逸帝國憲法

帝國憲法の發布及其實施

新帝國は直に憲法制定の事業に着手せり、憲法草案は第一の議會に提出せられ次で承認せられ、一千八百七十一年四月十六日帝國法律として公布せられ、一千八百七十一年五月四日より實施せられたり、四月十六日の帝國法律は帝國憲法法典と公布式との二部に分る、憲法々典は「バイエルン」條約に基き、之に必要なる形式上の變更を加へ、又外交事務の爲めに聯邦委員會を組織し事質上の變更をも加へたり、而して此憲法が効力を有する所以は條約の履行にあらず、又聯邦各國の條約的合意に基きたるものにもあらず、全く一千八百七十一年一月一日の憲法に依て定められたる帝國の主權に基くものなり、次に公布式は帝國法律發布の普通の形式を定めたるものなり。

帝國憲法成立後の改正

爾來帝國憲法が蒙りたる文字上の變更は、同年二月二十四日の法律(第二十八條、第二項)三月三日(第四條、第九號)十二月二十日、(第四條、第十三號)一千八百七十三年

他の法律に依る內容上の變更

「エルサス、ロートリンゲン」の獲得

「ヘルゴランド」島の獲得

二月十一日(第五十九條第一項)一千八百八十八年三月十九日(第二十四條)及一千八百九十三年五月二十六日(第五十三條第五項)の法律等なり、其他文字上の變更なくして他の法律に依る內容上の變更は極めて多く、又極めて重要なり、就中最も重要なるは「エルサス、ロートリンゲン」(Elsass-Lothringen)と獨逸帝國との條約にして、其國法上の關係は、一千八百七十一年七月九日の帝國法律に明なり、先つ憲法第三條は直に此地に實施せられ、次で一千八百七十二年帝國憲法の他の二三の條項の實施を見、帝國憲法の全部は一千八百七十三年六月廿五日の法律に依り、一千八百七十四年一月一日より實施せられたり、土地の獲得に依り帝國の領土の擴張せらるゝ時は勢ひ憲法上に新規定を生するに至る、即ち帝國の事業及組織に關し必ずや幾分の變更を見るべきなり。

「ヘルゴランド」(Helgoland)島は、一千八百九十年七月一日の條約に據り、英國より割讓せられたり、次で普魯西國に合併せられ、一千八百九十年十二月十五日の帝國法に依り、聯邦領土に加入せられたり、(帝國官報二〇七頁)帝國憲法は關稅及商事に關する第六章の規定を除き、他は凡て此合併の日より本島に實施せられた

り。

第四章　刑法史

第一節　獨逸刑法々典の沿革

外國法採用の影響

獨逸憲法の沿革は亦他の法制と同しく外國法(即ち羅馬法及宗敎法)の採用に依て多大の影響を受け、日耳曼固有法の發達は爲めに少なからざる妨害を蒙りたり、而して羅馬法及宗敎法は甞て伊太利法學の影響を蒙り、其以後始めて外國法として獨逸に採用せられたるものなり、外國法の採用は從來の刑法及其手續に關する惡法(即ち覇權及復讎權の行はれたる事、處刑の方法の野蠻にして酷薄なりしこと、諸侯が恣に刑罰を科したること、並に證據方法の確定せざりしこと等)をして益々其絕頂に至らしめたり、何となれば當時は外國法を採用したるも眞に其精神を了解せず、從て之が爲めに從來の酷罰を緩和し、減少したるにあらずして、反て舊存の罰は依然として之を存し、新輸の酷罰は之を併用したればなり、次で此等の狀態を改革すべき一般の必要起り、秘密裁判權は擴張せられ、又一千

刑法々典の編纂

一般獨逸刑法の制定

四百九十五年宮廷裁判所の創設あり、續て一千五百三十二年「カル」第五世及神聖羅馬帝國の刑事訟訴法發布せられ、以て帝國法の制定を見るに至れり、次で此法典及「カロリン」法（Carolina）其他學者の著書等に基きて、一般獨逸刑法（Das gemeine deütsche Strafrecht）の制定を見たり、之に次で一は第十八世紀の半に於ける文學の復興に依り、一は一千八百〇六年舊獨逸帝國の滅亡に依て、各聯邦刑法は各地に於て隆に行はるゝに至れり（即ち一千七百五十一年の Codex juris Bavarici Criminalis 一千七百六十八年の Constitutio Criminalis Theresiana 一千七百八十七年の「ジョセフ」第二世の墺太利刑法、一千七百九十四年の普魯西の一般法、一千八百〇三年の墺太利刑法、一千八百十三年の「バイエルン」刑法、一千八百三十八年の「ザクセン」刑法一千八百三十九年の「ウユルテンベルヒ」刑法、一千八百四十年の「ハンノバー」刑法一千八百五十一年の普魯西國刑法、一千八百五十二年の墺太利改正刑法、一千八百五十五年の「ザクセン」刑法一千八百六十一年「バイエルン」刑法及一千八百六十八年の「ザクセン」國改正刑法等なり）而して獨逸帝國の再與せらるゝや、一般獨逸刑法は再ひ制定せらるゝに至れり、但し之に關する詳述は後節に讓りたれば茲

に之を略す。

第二節　獨逸刑法の主義內容に關する沿革

刑法の主義に關する發達の三階段

刑法の主義內容に關し、第一に述べざるべからざるは私法的性質を帶びたる復讎權(討仇權)が、漸次今日の所謂公法的性質を有する刑法に發達し來りたる變遷の跡なり、如何なる國民に在りても犯罪は其始め之を個人に對する侵害行爲とし、從て被害者の爲めに賠償の權を發生せしむるのみとせり、犯罪を以て社會公共に對する侵害行爲となすの觀念は、比較的近世に至りて發生したるものなり、此二觀念の中間に位する觀念は、各個人は侵害行爲の客體にして、又賠償請求權の主體なり、而して此請求權は自己固有の腕力に依らずして、訴訟の方法即ち國家の公力に依て實行せざるべからずとなすの觀念なり、吾人は羅馬法即ちCorpus juris に於て此第一期に屬する觀念の痕跡を發見することを得ると同時に、尙次で發生したる諸觀念を歷々發見することを得、即ち(1)第一期の觀念に次で生したる觀念(犯罪ある場合に被害者は、民事訴訟の方法に依り之に對する罰を要求

羅馬法

し、之を追及することを得るの觀念(私法的犯罪 Delicqa privata の觀念)(2)刑法の公法的觀念(公法的犯罪 Crimina publica の觀念)(3)公法上刑罰を要求する(accusatio)と同時に私法上賠償の請求權を實行し(Actio)得るの觀念等を發見するを得、然るに

宗教法

宗教法に於ては一種異樣の觀念を有し、犯罪を以て私人に對する侵害となさず、始より神に對する犯罪、宗派に對する罪惡となしたり、故に宗教法に於ける犯罪の分類と刑罰の觀念及其分類とは全く此觀念に基きて生したるものなり、宗教法と正反對の觀念を有したるは、外國法採用の以前に於ける

日耳曼固有の刑法

日耳曼固有の刑法にして、刑法を以て全く私法的性質を有するものとなし犯罪を以て始より私人に對する侵害行爲となし、被害者及其親族(Sippe)は加害者及其親族に對し之を復讐するの權を有したり、(流血的復讐 Blutrache の觀念)然るに後に至りて此制度は一變して、其復讐權を贖ふことを得るの制度となれり、是れ所謂日耳曼の贖罪制度(Kompositions system)なり、之に次で漸次に犯罪は社會公共に對する侵害行爲なりとの觀念を生じ、贖罪金は被害者及其親族に對する賠償のみを包含するにあらず、民族團體に對する和解金(Friedens geld)をも包含し、尙國王に對して賠償す

現行獨逸刑法は私法的觀念を包含するや否や

べき追放贖罪金(Bannbusse)をも包含するものとなすに至れり、彼の有名なる歷史家「タチトウス」(Tacitus)の著書に明なる軍事的犯罪に對する處刑、及奴隷解放又は贖罪の用に供する賠償の制度は暫く措き、刑法に純粹なる公法的觀念を發生するに至りたるは、外國法採用時代より少しく以前のことにして、此觀念の發生するや直に各地方に行はれたり、次で一般獨逸刑法の制定等あり、刑法の私法的觀念は漸次に其跡を絕ちたり、但し此私法的觀念の痕跡は新獨逸帝國の刑法に於ても、尙之を見ることを得と主張するものあり、されども名譽毀損其他身體に對する侵害行爲たる場合に、民事訴訟の方法に依て救濟を得せしむるの規定は刑事訴訟法施行法第十一條に依て廢止せられ、又彼の自助權及正當防衞權は果して私法的性質を有するものなるか、此點に關する學說は尙一定せざる所ありと雖、現行刑法が犯罪及刑罰の意義に關し、今日一般の觀念に反する規定を揭けざると、被害者に對し犯罪の訴追と共に、尙之に牽聯する民事上の利益をも主張し得せしむるの規定を設くるとに徵すれば、余は自助權及正當防衞權を許すの故を以て現行法は尙未だ全く刑法の私法的觀念を脫したるものにあらずとな

責任觀念

すの說に贊同することを得ざるなり。

刑法の主義に關し第二に注意せざるべからざるは、上述と密着の關係を有するものにして所謂責任觀念の發達なり、復讐權の制度は加害者の責任如何を問ふにあらずして、單に發生したる結果、即ち客觀的外部關係、(加害の事實)のみを標準とするものなり、從て行爲者に取り或事實が全く偶然に生したる場合行爲者が責任能力を有せざる場合等に於ても、尙加害者及其親族は被害者及其親族より復讐せられたるなり、即ち刑罰を以て復讐の觀念に基くものとする時代に於ては、結果あれば必ず責任ありとなすの主義を脫すること能はざりしなり、之に反し刑罰を以て公法上の性質を有するものとなすの時代に至りては、刑罰を以て法律上正當なる惡報となし、偶然行爲と犯罪行爲とを劃然區別し、刑罰は單に責任能力を有する者のみに科せられ、尙責任の程度に依て刑罰に輕重を設くるの主義に達するなり、而して之が歷史上の根據を擧ぐれば、次の如し、(1)羅馬刑法は古代に於て既に長足の進歩をなせり、されども其復讐主義は贖罪主義と同しく

羅馬刑法

單に犯罪の結果のみに重を置き、行爲者の責任如何は毫も之を論することなか

日耳曼法

宗教法

一般獨逸法

りし證跡は、法典中歷々之を窺ふことを得べし、但し「ヌマ」皇帝の殺害法(Numa, Tötungsgesetz)に在りては明に故意に出てたる殺害と、偶然の殺害とを區別し、尙帝政時代の末に至り、過失に因る犯罪と偶然行爲に因る結果とを劃然區別し、偶然行爲より生じたる結果に對しては刑を科せざるに至れり。(2)日耳曼法に於ける流血復讎の制は、勿論責任の如何を問はす、其贖罪も亦單に結果のみに重を置き加害者の未成年者たると狂者たるとを論ずることなかりき、之に反して和解金及追放贖罪金にありては、結果が偶然に生じたる場合には其責を免したり、されども刑法を公法とし、責任の有無を區別するの主義は、勿論多く重せられざりき、約言すれば日耳曼刑法は之を以て私法的性質を有する者となしたるの結果、外國法採用の時代に至るまで犯罪は凡て結果犯なりしなり。(3)宗教法は犯罪に關する特種の觀念を認めたる爲め、初より行爲者の內部關係に重を置きたり、されども未だ一般に責任の有無を區別する觀念を貫徹したる者と云ふことを得ず、然るに(4)一般獨逸法に至りては、全く日耳曼法の採りたる結果犯の觀念を打破し羅馬法に從ひて責任の觀念を一般的に採用したり、從て犯罪を分て二とし、故意

(Dolus)に出つるものと過失(Culpa)に出つるものとに區別したり、而して更に此觀念を發達せしめたるは此二觀念の限界を明にし、更に之を細分するの方針を採りたるに在り、即ち當時の學者及實際家が故意及過失の二者を最も嚴格に區別し、且更に第三種の責任を認め「レッフラー」(Löffler)氏は之を或行爲を知りつゝ爲さゞること(Wissentlichkeit)となし、帝國裁判所は義務懈怠(Pflichtvernachlässigung)と稱せり、此外當時學者間並に立法上の問題として特に論究せられたる問題あり、即ち責任行爲より生ずる責任なき結果にても、之にして若し事件に重大なる關係を有する時は之に對しても尙行爲者をして其責に任せしむべきか否かの問題なりき。

刑法の主義内容に關する變遷に付き第三に注意せざるべからざるは、刑罰が秩序的發達を爲したること、其道德化したること、並に加重減輕及換刑制度の採用せられたること其他犯罪の意義の發達したること等なり、されども余は此等に關し、茲に悉く之を論述するの遑なきを遺憾とす。

刑罰進化

第三節　獨逸帝國現行刑法の沿革

現行刑法の起源

獨逸刑法史の外部的(法典の沿革)及內部的(主義內容に關する沿革)關係は以上論述したるが如し、此等刑法の發達は遂に獨逸國を導きて現行刑法の成立に至らしめたり、現行刑法は一千八百六十七年七月二十六日の北獨逸同盟憲法第四條第十三項に基き、北獨逸同盟諸國一般に行はるべき刑法として、一千八百七十年五月三十一日の日附を以て發布せられたるものなり、(一千八百六十九年七月三十一日、同年十二月三十一日及翌年二月十一日の草案に基く)此刑法は先つ條約

現行刑法の成立

を以て南獨逸諸國に行はれ、次て一千八百七十一年四月十六日發布の獨逸帝國刑法第二條に依り、帝國法律の一となり、更に一千八百七十一年五月十五日の法律に依り、獨逸帝國刑法と改稱せらるゝに至れり、獨逸帝國刑法は其後更に改正せらるゝ所ありしが、其重なる者は一千八百七十六年二月二十六日の敕令及一千八百九十六年八月十八日獨逸新民法施行法第三十四條に依る改正なり、帝國

刑法の淵源

刑法は獨逸國現行刑法の最重要なる淵源なり、但し是れ決して唯一の淵源にあ

らずして、尚此外之と共に行はるゝ諸多の法規あり(帝國刑法附屬法例へば帝國關稅法及租稅法一千八百九十八年五月二十日の再發布に係る一千八百七十七年二月十日の帝國破產法、一千八百八十四年七月九日の爆發物法、一千八百九十三年七月三日の軍機保護法、一千八百九十五年七月二十八日の奴隸法及奴隸賣買法及一千八百九十六年五月二十七日の秘密競爭に關する法律(das Gestz zur Bekämpfung des unlanteren Wettbewerbs)等の如し)此外尚帝國刑法第三條に依り定められたる範圍内に於て各聯邦刑法行はる、之に反して帝國刑法第二條は「刑法に正條あるの外之を罰せず(Nulla poena sine lege poenali)の原則を明にし刑法に對して習慣法の効力を認むることとなし。

墺太利刑法

墺太利國に於ては一千八百五十二年五月二十七日の刑法今日尚行はる、而して之を廢止し、新刑法々典を作製せんとするの企畫は既に三十年前より唱へられ草案も亦既に續出したるに係はらず、今日に至るも尚其目的を完了するに至らず。

放任主義

第五章　訴訟手續法の沿革

（民事訴訟法及刑事訴訟法）

第一節　日耳曼法時代

獨逸の古代に於ても亦既に訴訟裁判の手續ありしと雖極めて放任主義に流れ、個人の自助權を認むるの範圍極めて廣く、被害者は裁判に依らずして自ら復讎をなすの權を有し、又自ら他人の物件を差押ふるの權を有せり、又古代に在りては刑事手續と民事手續との區別分明ならず、民事關係に付ても、亦全く刑事手續に依て其救濟を得せしめたり、是れ本章に於て民事と刑事とを區別せず訴訟手續と題したる所以なり、

日耳曼法時代に於ける裁判の手續は極めて簡なるも、また嚴格なる形式主義を採用せり、且つ手續は公開主義、口頭主義及辯論主義にして、被害者の蒙りたる損害が賠償し得べきものなるときは、當事者を以て自由に賠償の契約をなさしめたり、約言すれば當時に於ける裁判所の權限は極めて狹隘にして嚴格なる形式

訴訟代理人を許さず

と自助の權とに依て其缺を補ひたり、例へば原告は裁判所の力を藉らずして一定の形式を守り、自ら相手方を裁判所に召喚し、當事者は裁判所の命令を待たずして、直接に辯論を交換するを得たり、又當時談話の能力 (Sprach fähigkeit) を有する者には、訴訟代理人の使用を許さゞりき、原告は法廷に於て先づ一定の式言に依て神名を唱へ、然る後訴の理由と目的とを主張し、被告に對し直に之が答辯を請求することを得たり、答辯も亦全く合式の方法に依らざるべからずして、原告の請求を全々肯定するか、若くは全々拒絶するか二者其一に出でざるべからず、

抗辯を許さず

抗辯の提出は全く之を許さゞりき、抗辯を以て原告の請求に對する防禦方法とし、法律上適當なる行爲となすに至りたるは大に後の事に屬す、

判決

判決は原告より合式の請求ありたる後、始めて合議體に於て之を下せり、西方日耳曼諸國に於ては、被告か原告の請求を拒絕したる場合に於て、被告をして原告に對し一定の給付をなさしむべき判決は、之を二重判決 (Zweizüngiges Urtheil) と稱せり、即ち判決の中其拒絕に付き證據方法を提出すべきことを命じたる部分は、所謂證據判決にして、證明の結果如何に依て爲すべきことを定め、之を命じたる部分は、所謂終局

判決に對する不服

判決なり、例へば被告に對し證明（宣誓）をなすか又は一定の金額を支拂ふべきことを命じたる判決の如し、裁判所の判決に對して不服ある者は判決審理者に對して更に訴ふることを得たり、此場合に於ては裁判所は更に事實を審理するにあらずして、一種特別の形式に依る證據方法即ち重に決鬪に依て之が正邪を判定したり、殺人犯の場合に於ては、當事者間の賠償契約を許さず、重に死刑を宣告したり。

證據方法

判決あるときは當事者は其命する所に從ひ、裁判所に於て更に證據方法に關し契約を締結したり、證據方法の提出は、裁判所になすにあらずして一定の形式に從ひ相手方に對して之をなさしめ、判決は證據の提出以前に於て之をなし、立證の責任は重に被告にありたり、被告は訴の主趣に從ひ、自ら適當と信ずる方法を以て自由に證明をなすものにして、或は一人にて之をなし、或は一定の補助人（證人）と共に之をなせり、補助人は被告が爲したる宣誓の眞正を誓ふものにして、或は原告の請求に依り、或は被告の親族間に傳來せる慣習に依りて之をなしたり、補助人は其數多きも尚之を一體と看做し、宣誓は同時に之を爲さしめたり、又原

神判斷の方法

告に證人ありて、被告の宣誓を非難することあり、同一事に關して當事者双方の證人より證據を提出するときは、被告の證據を以て正當のものと看做す、證人の宣誓も亦判決の同容に依て定まる、此の外又屢々立證の補助方法として、神判斷(Gottesurtheil)の方法を利用したり、例へば火試《ヒダメシ》(Feuerprobe)、水試(Wasserprobe)御籤判斷(Losordal)及決闘(Zweikampf)等の如し、又相手方の證明に對して、僞證の訴を提出することを得たり、此訴は單に裁判上の決闘に依て、其正否を判したり、古代「ザール」人の法律に於ては、變例訴訟手續として例外法を設け、大に神判斷の方法を採用したり、就中其重なるものは探湯《クガタチ》(Kesselfang)の方法なりき、されとも此方法は獨逸證據法に關する、一般法則に對しては重要なる影響を及ほすことなかりき。

懈怠の結果

被告か止を得ざるの事情あるにあらずして、裁判所に出頭せざるときは、贖罪の責を負はしめられたり、されとも其懈怠が結果を生するの要件として、其以前既に一定の形式に從ひ契約をなさゞるべからず、若し被告が尚引續き原告の請求に從はざるときは、法律上の無救濟者となる。

强制執行

裁判上强制執行の制は、白耳曼法の末だ認めざる所なりき、被告が判決の主趣に

從ひ、原告の請求を滿たすべきことを適法に契約するときは、原告は一定の形式を遵守し、被告をして裁判外の擔保をなさしめ、其物件を差押へ、以て自己の權利を確保せり、判決あるも被告が其命する所に從ひ、原告の請求に應ずることを拒むときは、之を無救濟者と看做し、自由に其人格及財產に對し、侵害行爲を爲すことを得たり。

債務契約の成立に關し疑なき場合に於ては、債權者は裁判外の方法に依て、其債權を實行することを得たり、即ち數度の催告あるも債務者か尙之に應せざるときは、債權者は隨意に債務者の物件を差押へ、之に依て其權利を全することを得たり。

無救濟者に對する復讎の實行に付ては、特に正例訴訟手續を要せず、即ち自己の隣人及ひ一定の證人を呼び出し、其面前に於て直に之を殺害することを得たり、但し此殺害は公署に屆出て、法律上正當なるものと認められたるものならざるべからず。

第二節「フランケン」國時代

裁判所の權限擴張

此時代に於ては自助の權を制限し、裁判所の手續を變更して、以て國權活動の範圍を擴張せり、自助權の制限とは人民の復讎權を制限したると、裁判上の方法に依らずして差押をなし得るの權を制限したるを云ひ、裁判所の手續の變更とは峻酷なる法律、王室裁判所手續及人民裁判所の手續を變更したるを云ふ、以下人民裁判所の手續の改正を叙述すべし。

第一、訴訟手續の形式が基督敎化したること。

基督敎の影響

獨逸の迷信的宗敎を基礎としたる形式は、漸次之を廢止し、之に代ふるに基督敎の觀念に基きたる形式を以てしたるに在り、其例枚擧に遑あらずと雖繁雜なれば茲には之を略し、唯其一例を擧ぐれば、十字架試《タメシ》(Kreuzprobe)の採用せられたるが如し。(但し八百十八、九年の頃に至りて是亦廢止せられたり)

第二、裁判所の權限擴張。

辯論主義及形式主義の制限

裁判所權限の擴張は辯論主義及形式主義の制限に依て實行せられ、其結果は裁

證人訊問

强制執行手續の發生

判所の手續上に大影響を及したり、即ち以前に於ては當事者間には、直接の辯論を許せしが、今や裁判所の命令あるにあらざれば、之を爲すことを得ざるに至れり、又以前に於ては被告の召喚は、原告自ら之を爲せり、(Mannitio)、然るに今や原告は裁判所の命令を待て始めて之を召喚することを得るに至れり、(Bannitio) 其他以前に於ては原告は自ら被告に向て、直接に答辯及ひ宣誓を請求するの權を有せしが、今や被告に對する裁判官の答辯命令及宣誓命令を要するに至れり、又判決に對する不服の訴は、裁判所に於てなす決鬪に依て決せられしが、今や之に付ても其判決の正否を調査するの權を裁判所に認むるに至れり、又「カロリン」朝に於ては、一般に辯論主義を廢して、審問主義 (Frage-verfahren, inquisitio) を採用するに至れり、又裁判所は一定の市町村住民を選擇し、之を呼出して、以て眞實を言はしむるの權限を得たり、又或種の無救濟者は此時代に至りて人證又は神判斷に依り、自己の寃罪を明にすることを得たり。

第三、强制執行手續の發生。

日耳曼法時代に於て、原告に許したる、被告の物件差押の權は、此時代に至りては

裁判官の許可を必要とするに至れり「ザリール」人の法律に依れば、私人に依る差押は全く之を許さずして、差押は諸侯(Grafen)及其官吏にあらざれば之をなすことを得ず「フランケン」人は、私人に依る差押の方法に變更を加へたり、即ち債務者が支拂不能となりたる場合に於て、其親族又は第三者が之に代て支拂を約さゞるときは、債務者は債權者の爲すが儘に服從せざるべからさるに至れり、然るに「カロリン」朝の法律に依るときは、此場合に於て債務者は、其自由意思に從ひ、一定の制限内に於て、債權者の僕婢となり、以て此恐るべき結果を避くることを得たり、又前時代に於ては判決の命令に服從せざる加害者に對しては、無救濟の宣告をなすの外、別に其方法なかりしが、此時代に至りては民事に在りては裁判上の差押、刑事に在りては禁錮、拘留の制を設くるに至れり、裁判上の差押の制度は、其初め單に被告の動産のみに限りしが「カロリン」朝に至り、遂に凡ての財産殊に不動產上にも、之を及ぼし得るに至れり、此制度は前時代に行はれたる所謂無救濟の宣告の半面を現はすものと云ふことを得、何となれば無救濟者に對して權利者は、其身體及び財産に對し、隨意の侵害をなすことを得たるに反し、此制度は單

に被告の財産にのみ限りたればなり、尚詳言すれば、此制度に於ては被告の財産は、諸侯之を差押へ、以て權利者の救濟に充て、若し權利者に於て其權利の實行を請求せざるときは、其財産は國庫に歸屬するものとせり。

証據方法の改革

第四、證據手續の改革。

人證

此時代に至りては證明補助人をして、各自獨立して證明を爲さしめたる爲め、補助人の責任は前時代より重くなれり、又一定の場合に於ては、證明者の相手方は證明補助人の數を增加し、從て證明者に對し證明の困難より、證明の勞を抛棄するか、若くは其增加したる數の補助人を以て證明せんことを要求することを得たり、證人の言と相手方の證人の言とが一致せざるときは、證人間の決鬪に依て其正否を判定したり。

書證

文書に依る證明の手續は、國王の文書と私人の文書との間に於て差異あり、私人の文書に在りては、其眞僞に付て爭生ずるときは、文書其者には證明力なきを以て、此場合に於ては別に證人をして、文書の眞正を證明せしむるの必要あり、「フランケン」の民法に於ては、文書の取消權を認めたり、即ち文書の眞正ならざること

を主張する當事者は、文書を裁判所に提出して之を申立つべし相手方は之に對して、其眞正を證明せざるべからず、若し之を證明すること能はざるときは、其文書は僞なりとして効力を取消さるゝなり、之に反して國王の文書に在りては文書其者に證明力ありとし、別に證人を以て證明することを必要とせざりき。

裁判所の種類

宮廷裁判所及ひ其分派と見るべき、宮中伯の法廷に於ては、通常手續の外特別の手續を認めたり、宮廷裁判所は原則として、如何なる事件に付ても裁判をなすの權限を有し、特に通常裁判所に於て、救濟を拒み又は救濟することを得ざる場合に於て、之か救濟をなせり、此等の場合に於て、宮廷裁判所の權限を定むるものは宰相の書面 (Indiculi regales) にして、之を原告に與ふるに依りて定まるなり、

國王の親裁

其他國王は何れの場合に於ても、法定の嚴格なる形式に依らず、專ら便宜に從て裁判せしめ若くは一般に手續上の特權を附與することを得たり、例へば國王は手書を以て、私人に申請權即ち町村裁判所より、宮廷裁判所に對し、其裁判を仰ぐの權を與へ、宮廷裁判所に於て、國王自ら之を裁判したるが如し、又人民裁判所に於ては代理人を以て訴訟をなすことを許さゞるに反し、宮廷裁判所に於ては必要なる

復讎權

場合には之を許せり、又國王の特許に依て、私人は人民裁判所に於て代理人を使用し得るの特權を得たり。

第三節　第十五世紀に至る迄の訴訟手續

此時代に於ても殺人罪に對する復讎の權は尙之を認めたり、されとも其之を認むるの範圍は極めて狹小なりき、然るに騎士(Ritter)の制度漸く發達するに至りて再び復讎權に對する範圍は全く破れたり、即ち騎士の階級間に於ける當時の風習は、殺人罪のみならず、凡ての侵害行爲に對して尙復讎權を許せり、然るに此風習は安寧を害し、又戰の目的に適合するものにあらざるを以て、國家は國權に依り之を制限せざるべからざるの必要を感ずるに至り、第十一世紀以來此目的を達せんが爲めに、宗敎上の規則として、神に對する平和(Gottesfrieden)の法を定め一定の時間、一定の人に對し、又は一定の場所に於ける復讎を禁止したり、而して此規定は後更に普通の國法にも採用せらるゝに至り、更に「フリードリヒ」一世に至り、復讎の制度は全々之を禁止したり、然るに當時の社會には此法律の實行を

形式主義

妨ぐるの事情多く、到底無用の空文たるを免れざるに至り、復讎の制度は再び一定の條件の下に許可せられたり、即ち第十三世紀の終に至り、法律上許されたる救濟方法の盡きたることを條件として、復讎權を許したり、即ち此規定は復讎權の行使を以て、通常訴訟手續に對する補足となせるものなり、此等の變遷を經て復讎權は遂に千四百九十五年の禁令に依り絶體に廢止せらるゝに至れり。

當時に於ける裁判所の手續は等しく形式主義を採用し、其形式は愈々進みて愈愈密に嚴格繁雜を極むるに至れり、即ち古代獨逸國に於て行はれたる形式は、殆ど全く採用せられ、裁判所に於ける用語は極めて嚴重となり、一度誤るときは又之を取消すことを得ざるに至れり、即ち一八一言(*Ein Mann ein Wort*)の格言は嚴に遵守せられたり、されども次て形式主義は世の需用に適せざるの觀念を生じ、或は全く廢せられ、或は之に對して大に制限を加へたり、概言すれば當時裁判所の手續は、當事者間の直接辨論主義を排斥したるものにして、裁判官は自由に發言することを得るも、當事者は裁判官の命令許可あるにあらざれば全々發言することを得ざりしなり。

證據方法

當時に於ける證據の方法は大に形式を尊び、五種の形式を認めたり、即ち宣誓(一人又は補助人に依るもの)、人證、書證、決闘及神試《カミタメシ》なり、人證は「ザクセン」法に於ては多く用ひられざりしも、中世紀の前半に於ては大に採用せられたり、書證は「ザクセン」法の未だ認めざりし所にして、北獨逸諸國の法律、例へば「ブレーメン」法律の如きも、第十五世紀に至るまでは、私書其者に證據力を與へざりしが、南獨逸諸國に於ては捺印ある私書は、其れ自身證據力を有するものとし、此觀念早く發達したり、神試の方法は、宗敎觀念の變遷に伴ひ、人民の之に對する信用漸く薄らぎ、一千二百十五年宗敎上の規則に依り禁止せられたり。

裁判所が爲す證明

裁判所が爲す證明の方法(Gerichts Zeugniss)は「フランケン」國時代に於ては、單に宮廷裁判所に於てのみ使用せられしが、此時代に至りては、普通裁判所も亦之を爲すに至れり、此證明の方法に二種あり、一は裁判所が爲す方法にして、一は裁判官が爲す方法なり、即ち裁判所又は裁判官が作製したる文書、又は書面を證據の用に供するなり、又裁判所に備付けある公の帳簿に記入するの方法も、當時已に發達したり。

訴訟種類

第一民事

訴訟の種類に關する獨逸法の主義は、羅馬法の主義と異り、羅馬法に於ては訴の原因を標準としたるに反し、獨逸法に於ては訴の目的を標準としたり、故に訴は第一、被告に對し刑罰を請求するもの即ち刑事上の訴、第二、刑罰に關係なきもの即ち民事上の訴、及第三、民事刑事の双方を含むもの、即ち辯論の中途に於て民事若くは刑事の訴に分別することを得るものゝ三種に區別したり。

第一、民事上の訴、　民事上の訴は又其訴の目的に從て區別し、債務の履行に關するもの、動産の引渡に關するもの、及不動産の引渡に關するものゝ三種とせり、原告は訴の原因を陳述することなくして、被告に對する請求をなすことを得たり是れ尤も簡單なる訴訟にして、被告は宣誓をなして之を拒むことを得たり、此場合に於て原告が尚其目的を達せんとするときは、自己の權利の依て發生したる權原即ち事實を證明せざるべからず、此證明に對し被告は尚之を否定するの新事實を提出することを得たり、民事に在りては判決の執行として、裁判上の差押を許し、追放の制は之を認めざりき、差押の方法に二あり、一は動産の差押若くは不動產を神有となすの方法にして、他は債務者をして債權者に辨濟をなさしむ

第二刑事

るの方法なり、不動産を神有となすの方法とは、讓渡の禁止及占有の褫奪なり、又當時都市の法は、債務者が遲滯に在る場合に於て、別段の形式を要せず、直に裁判上の强製執行を請求するの權を債權者に與へたり、但し此請求は如何なる場合に於ても之をなし得るにあらずして、擔保を有する債權及裁判所の文書、又は都市の文書に依て之が執行を許可したる場合に限れり。

第二、刑事上の訴、　刑事上の訴をなすか、民事上の訴をなすに止むるかは、當時全く被害者の隨意とし、被害者は又全く起訴せざることをも得たり、但し都市の法は、公共の危害に關する犯罪に在りては、裁判所に被害者に對して起訴を强制するの權を與へたり、又當時の習慣法は、私訴なき場合に於て裁判所が職權を以て自ら起訴することを許せり。

裁判所に出頭せざる被告は、逮捕せられ、又正當に裁判上の行爲をなすの權を褫奪せられたり、此の如き被告に遭遇したる者あるときは、何人にても直に捕へて之を裁判所に引致することを得たり、此場合の判決に對しては、被告は服從を拒み、若くは其刑罰を免るゝことを得ず。

帝國宮廷裁判所其他殊に南獨逸諸國に於ては、地方の習慣を破る者及其他の惡人に對し、特別の手續を設けたり、耶ち人證に依て不名譽の人たることを確定せられたる者は、容易に此不名譽を雪ぐことを得ず、又裁判所は不名譽の證明に基き、其者に對し惡人の宣告を爲したり、此宣告を受けたる者は、爾後の訴訟に於て其責任を免るべき場合に際し、多くの不便を蒙りたり、又斯くの如き者にして召喚あるも、裁判所に出頭せざるときは、直に判決せられたり、强盜、竊盜は當時地方の習慣を破る者と看做されたれば、他の手續を要せずして逮捕せられ、他人の證明あるときは、直に惡人の宣告を受けたり、墺太利及「バイエルン」に於ては、此等の惡人を一地方より驅逐する爲めに、裁判上一の假手段を設けたり、假手段の方法とは、管轄權を有する裁判所の裁判官が、何時にても習慣を破りたる者、殊に街道に於て强盜、竊盜其他殺人行爲をなしたる者を召喚して審問することを得、時としては此審問を要せず直に惡人の宣告を下すことを得たるに在り。

第四節　外國法採用以後の時代

第一　刑事訴訟手續

外國法の影響

外國法の採用は、訴訟法の範圍にも亦一大影響を及ぼしたり、獨逸固有法の觀念は、之が爲めに全々消滅したるにはあらざるも、しかも羅馬法及宗教法の爲めに變化を蒙りたる伊太利の手續法は、獨逸國に輸入せられ、獨逸固有法の大半は、之が爲めに變革を蒙りたり、獨逸固有法に於ける裁判官と、判決宣言者との區別は、全く消滅し、爾來判決は裁判官自ら又は裁判官の團體に於て之を宣告せり、獨逸法の所謂口頭辯論主義及公開主義は、變して文書主義及祕密裁判主義となれり又獨逸固有法の證據手續に關する形式主義は、以前より漸次衰運に向ひしが、玆に至りて殆と其跡を絶つに至れり、但し訴訟上、一般に付て曰へば、獨逸固有法の觀念は全々消滅したるにあらずして、證據の効力及結果に干し、裁判官の自由判斷を許すの主義は、此時代に至り再び新に採用せらるゝに至れり。

審問主義

刑事訴訟に於ては、又宗教法より發達したる審問主義行はれ、單に事實の符合の

對決の手續
拷問の制
佛國主義

みに依り判決を下すを不可とし、更に被告の自白を必要とせり、但し自白を爲さしむるの方法として、被告を苛責するは之を以て必ずしも非理となさゞりしなり、又「カロリナ」法に於ては審問主義と共に檢擧主義を採用し、尙訴訟手續の終結せんとする日に於て、公開對決の手續を行へり、されども「カロリナ」法が一定の範圍內に於て適法と許したる拷問苛責の制は、一千八百四十年七月三日「フリードりヒ」大王の訓令に依て廢止せられ、次で各地方の法律に依て全々廢止せられたり、佛國の勢力が、歐洲全土に於ける政治の中心となるや公開主義、口頭辯論主義檢擧主義及宣誓主義を採れる、佛國刑事訴訟手續法は、獨逸國の一部に採用せられたり、是に於て乎佛國法主義と伊太利法に基ける審問主義との間に、一大衝突を來すに至れり、獨逸各國の法律は、獨逸固有の主義を變ずることなく、其審問主義に對し、一大改革を施さんと試みたり、されども一千八百四十八年佛國革明の勢力に影響せられ、獨逸の各國は殆ど佛國法に基き、宣誓裁判の制度を採用するに至れり、之を以て遂に佛國法は獨逸の大部分に傳播し、審問主義は只「メクレンブルヒ」其他一二の國家に其痕跡を止むるに過ぎざるに至れり、其他の諸國即ち

帝國刑事訴訟法の成立

「ハンノバー」、「オルデンブルヒ」、「ヘッセン」、「ブレーメン」、「バーデン」、普魯西、「ウユルテンベルヒ」、及「ザクセン」等即ち大多數の諸國に於ては、最下級審の裁判所に陪審官の制を採用したり。

一千八百七十七年二月一日、帝國刑事訴訟法實施以來、獨逸帝國は遂に刑事訴訟法上其統一を實行せり、此法律に依れば最下級審に屬する刑事々件は、陪審裁判所、第二審に屬する事件は地方裁判所刑事部、及上告審に屬する事件は、宣誓裁判所に於て之を取扱ふものとす。

第二　民事訴訟法

外國法採用時代に於ては、獨逸民事訴訟法に二種の法源ありたるを注意せざるべからず、一を古代訴訟法即ち帝國高等法院に於て發達せる手續とし、一を「ザクセン」に行はれたる手續法とす。

高等法院の手續

高等法院の手續は、原則上證書主義にあらず、但し當事者に於て證書を以てせんことを請求するときは法院は之を許可せり、然れども訴訟代理人に付ては、一千

五百〇七年以來證書の作製を以て其義務となせり、原告が訴狀を以て訴を提起するときは其送達より一定の期間内に裁判所に出頭せざるべからず、此場合に於て被告は訴狀の謄本及び新期間の確定を請求することを得たり、訴の提起ありたるとき、即ち當事者双方が裁判所に出頭し、被告は原告の請求に對して答辯せざるべからざるの狀態に達したるときは、當事者双方は危險の宣誓を爲し、訴又は抗辯に關し事實を說明せざるべからず、即ち原告及び被告は訴の目的を陳述し、證據方法提出の準備として、訴又は抗辯の基礎たる目的の細目を說明せざる可らず、次て當事者は特に證據提出の判決なきも、自己の主張に對し、相手方に於て明に認諾を與へざるか、又は答辯せざる爲めに認諾したるものと看做されたる場合に於ては、證人は先づ眞實を陳述すべきことの宣誓をなさゞるべからず、辯論終結の後、當事者は更に新證據を提出せざることを契約す、裁判官は之が爲めに、特に新期日を定むることを得、被告が答辯を拒み、又は裁判所に出頭せざるときは、强制方法として原告に對し、被告の財產を所有するの權、及被告を追放するの權を與へたり。

當時に於ける全訴訟手續、殊に當事者の發言を强制的に止むるの方法は、極めて不完全なりしが爲め、不便繁雜の個所多く、爲めに狡猾漢をして巧に法網を潜らしめたり。

「ザクセン」法

「ザクセン」法は、伊太利法學に依て發達せる原則を採用せると共に、又一方に於ては、大に伊國固有の法を固守したり、即ち「ザクセン」法に依れば、裁判官が下したる證據に關する判決は、一般に法律と同一の効力を有し、之に依て原告は訴の理由被告は抗辯の理由を證明せざるべからざりき、而して被告が裁判所の命に從はざるときは、之に對し終結判決をなすことを得たり。

帝國訴訟法

帝國訴訟法改正の必要切迫するや、此嚴格なる「ザクセン」法の主義は、獨逸帝國の立法に至大の影響を及ぼしたり、帝國訴訟法は繁雜なる手續を廢し、簡潔に事を處理せんとし、訴狀には訴の目的事實を簡明に記載するの義務を原告に負はしめ、被告には最初の期間内に於て、訴の凡に關して答辯し、不服あるときは之に對して抗辯を提出することを許せり、又原告は第二期間に於て、被告の抗辯に對して抗辯し、被告は又第三期間に於て、第二抗辯を提出することを得たり、被告か裁

帝國民事訴訟法の成立

判所の命に從はざる場合に於ては、原告をして被告の財産を取得せしめず、又追放の制を認めず、裁判所は唯原告の證明を正當と認め、之に基きて判決を下し得たるに過ぎず、當時の一般民事訴訟法は「ザクセン」國法律學者「メビユス」及「カルプツオー」二氏の貢献に負ふ所極めて多く、一部判決の制度、即ち訴訟事件全部に付き判決するの基礎として、先づ其中の一事實に付き判決を下し得るの制度を創定せり、其後各地方の立法に依り、獨逸國の大半は、從來行はれたる一般民事訴訟法の原則を捨てたり、即ち普魯西に於ては、一千七百九十三年大改革を行ひ、辯論主義及審査主義を、民事訴訟手續上に採用せり、「ライン」河左岸の地に於ては、佛國の勢力を排斥したる以後に於て、尚公開主義及口頭辯論主義に基く、佛國の訴訟法を行ひたり、此改革は一千八百四十八年以來行はれたる、獨逸各地方の立法殊に一千八百五十年十一月八日「ハンノバー」訴訟法の模範となれり、此等の改革に影響せられて、一千八百七十七年一月三十日帝國民事訴訟法は成立したり、而して此法律は當事者が直接に訴訟行爲をなし得るの主義及び自由認定の主義に基く口頭辯論主義及ひ公開主義を採用したるものなり。

第六章　民法沿革

民法の沿革は總論に於て既に略ぼ之を述べたり、故に茲には新民法成立の沿革を述ぶるを以て足れりとす。

第一節　法典編纂事業着手以前

一般法の

獨逸國一般に行はれたる羅馬法、即ち一般法(Gemeines Recht)に對する反對の聲は、第十八世紀の終より、漸く識者間に唱へらるゝに至り、從て各聯邦に於ては、各自ら其國に行はるゝ法典を編纂せんとするに至れり、一千七百九十四年普魯西民法(Landrecht)を始とし、之に次て一千八百〇四年の佛蘭西民法(Code civil)は「ライン」河左岸の占領以來、此土地に施行せられ、獨逸語に譯して「バーデン」國法として其效力を有したり、墺太利も亦一千八百十一年以來一般法を捨てたり。

其後久しく法律の狀態は甚しき變動を見ざりしが、所謂獨逸自由戰爭(Freiheits-kriege)に依て起りたる、獨逸國民の思想の變遷に伴はれ「ハイデルベルグ」の「バンデ

「チボー」氏と「サビニー」氏

クテン」法學者「チボー」(Thibaut)氏は、獨逸國を統一する一法典の編纂を主唱せり然るに「フォン、サビニー」(v. Savigny)氏は全力を盡くして、之に反對し、羅馬法に於ける歷史進步に重を置き近世に於ける法典編纂の企畫を難せり、當時「サビニー」氏の論は全く勝を得、全獨逸を風靡し、法典編纂の聲は全く屛息し、法家硏究の方法一變し、羅馬法の硏究は益々奬勵せられたり、當時の學者は、一般法を以て獨逸國民固有の法(一般獨逸法 Das gemeine deutsche Recht) とし、各聯邦法を以て之に對する特別法として、之に先んじて効力を有せしめ、當時に於ける法律學は、多く羅馬法の性質を有し、羅馬法の効力は益々鞏固にして、未來永劫決して其勢力を失ふものにあらざるが如き觀を呈したり。

然るに第十九世紀の半頃に至りて、再び世論沸騰の端緖を開くに至れり、されども第十九世紀の法學硏究に對し、一新生面を啓發せる「サビニー」氏の見解は、尙其勢力を維持し、之に反對する諸多の政治的運動を妨害し、法典統一事業の貫徹をして大に困難ならしめたり、されば當時の人心は新に發生せる法律關係に付ては、單行法の發布に依り之を處理するを以て滿足せざるを得ざりき、即ち一千八

北獨逸同盟成立の影響

準備委員の招集

百四十八年手形法、一千八百六十年商法の發布あり、次で債權法發布の事業に着手せり、されども此事業は獨逸同盟の崩壞と共に中止せられたり。北獨逸同盟の成立するや、羅馬法の觀念は、多大の傷害を蒙りたり、即ち北獨逸同盟は商法及手形法を廢止し、從て羅馬法の觀念は、北獨逸諸國の殆ど三分の一の範圍に於て僅に行はるゝに至れり、但し學者の之に對する尊敬の念は、決して減少したるにはあらざるなり、統一したる獨逸法の編纂を必要とする觀念が當時尚其確實なる根柢を得ざりしは、同盟の權限を擴張して、一般的民法編纂の上に及ぼさんとの提議が、議會を通過せざりしに依れり、されとも此觀念は幾何もなくして、愈々勢力を得、彼の權限擴張の提議は、屢々議會に提出せられしが、遂に一千八百七十三年同盟議員は之を賛し之を可決したり、是に於て乎一千八百七十三年十二月二十日の法律は遂に成立せり。

第二節　法典編纂事業の着手及法典の成立

是に於て法典編纂の事業は直に着手せられ、先づ準備委員（Vorkommission）は召集

第一回委員會の成立

せられ、編纂上の企圖並に方法に付て建策することゝなれり、されとも當時尚此事業は單に形式に止まり、現行法の可否を論議し、其中より最も可良なる法規及び最も便宜に達したる法規を拔萃し、以て當時の觀念と最もよく調和せんことを勉めたるに過ぎざりき、次で帝國高等商業裁判所長「ドクトル、バーペ」(Dr. Pape)氏以下十一名の委員より成る、第一回委員會成立し、一千八百七十四年より一千八百八十七年迄編纂事業に盡瘁せり、而して法典の全財料、即ち凡ての法律關係は從來「パンデクテン」法の採用せる分類法に從ひて、之を五部に分ち、之を委員間に各別に分擔せしめ、毎年秋期に於て、全委員は一堂に會合し、成立したる部分に付て共に之を討議したり、斯くして五部より成立せる草案は、世に公にせられたり、此委員會に於ける事業は、準備委員會に於ける事業の範圍より逸出したるにあらずして、單に現行諸法規を完全に集聚し、選擇し、之を系統的に編纂したるに過ぎざりしが、其理由書に依て其直接の目的以上の貢献を法律界に與へたり、但し此選擇的、編纂の事業は、單に理論的方面のみより爲されたるを以て、當時の實際の事情に適合せざるの憾なき能はざりき、加之委員會が編纂事業に着手せる

第二委員會の成立

間に、政治上並に經濟上の關係の變更、殊に農業の衰微並に社會民主黨の發生、其他各種の方面に於て現はれたる社會狀態の變遷に依り、法律に對する社會の要求は全く變更せらるゝに至れり、之を以て政府は此草案は直に法律となさんとする、當初の希望を變更し、一千八百九十年の舊委員に新委員を加へて再び委員會を組織し、之を第二委員會と稱せり。

第二委員會は、一千八百九十五年迄、熱心に草案起草の事業に從事したり、委員會は數多の部に分れ、各部に部長を置き、部長總裁は、第一委員會の委員たりし、控訴院判事「ドクトル、プランク」(Dr. Plank)氏なり、第二委員會に於ては、多くの實際家を加へ、且つ委員會の事業に就て、定期に公の報告をなし、以て世上一般の觀念との調和を計れり、斯くして成立せる第二草案は、原則としては第一草案に基きしと雖、其形式と內容とに於ては、全く第一草案に倣はず、且つ第一草案を變更訂正したるにあらずして、全く新に立案したるものなり、用語は全く難解のものなしと云ふを得ざるも、概して簡明に且莊重となれり、第二草案は理由書と共に公にせられ、次て聯邦代議員に些少の更迭を加へ、同時に帝國議會に移されたり、帝國議

會に於ては諸多の重要なる點に付き變更を加へ、辯難攻擊の裏、遂に通過して、一千八百九十六年八月十八日皇帝は之に裁可を與へ、一千九百年一月一日より實施せられたり、是れ即ち獨逸新民法なり。

第三節　獨逸新民法の性質

獨逸新民法は五編に分れ、總則、債權法、物權法、親族法及相續法より成る、即ち從來行はれたる「パンデクテン」法學の分類に等し、されども其排列の順序に於て、債權法を物權法に先せしめたるは之と異る所なり、而して此各論は委員會の各部に於て全く獨立の意見に依り、自由に編成せられたるものなれば、假令全委員會の討議並に聯邦議會の訂正等に依り、大に變更を蒙りたるも、しかも決して其各部に於ける特質を全く失ひたるにはあらず、從て新民法は未だ全編を通じて、全々調和し、主義の一貫したる完璧の法典と稱することを得ざるなり。

第二草案は其成立時期以前に於ける、法律觀念より全く脫却することを得ず、法典は往々にして其痕跡を留むるものあり、即ち第十九世紀の法律學の主義を混

合したるものと稱することを得、且つ此草案は當時の社會問題に多くの注意を拂はざりし爲め、社會問題の分子は全く之を包含せざるにはあらざるも、社會問題の精神は、只各所に分散し、其間一の系統なく、法典を通じて一貫すと稱することを得ず、反て單に後に至り附加增綴せられたるが如き觀あり、帝國議會は又稍稍大膽なる變更を加へたりと雖、しかも此草案に對して其大部分を變更するの力なく、從て之か姑息の訂正は、反て法典の不統一を來たし、論理的より寧ろ實際的の方面に向へり。

又新民法は概して羅馬法に其根據を基くものとす、是れ法典の編纂上避くべからざる自然の結果なり、何となれば法律の觀念は、初めて羅馬人より輸入せられ、獨逸固有の觀念は、寧ろ法律の一小部分に止まり、獨逸法の發達は、羅馬法の採用に依て全く一時阻害せられ、近世に於ける諸多の新法律關係は、未だ獨逸法の觀念を再興するものにあらざればなり、されども新民法が羅馬法の觀念のみに依りたるに非らざることは、玆に喋々を要せず、加之新民法が諸多の新觀念を採用したるの事實も、亦素より多言を須ひずして明なり。

第七章　商法沿革

商法の沿革は總論に於て毫も述ぶる所なかりき、故に茲に少しく之を詳論せんとす、又、獨逸商法の沿革を知らんと欲せば、勢ひ羅馬時代に溯て之か研究をなさざるべからず、又之を説明せんには、内部關係と外部關係とを區別して述ぶるの必要あり、前者は商法の主義内容に關し、後者は商法法典其者に關す、即ち商法の淵源なり。

甲　商法の内部關係

第一節　羅馬時代

特に商法々典なるものなし

重に民法の原則を適用したり

羅馬の商業は比較的發達せり、されども商法と稱する獨立の法典なく、商事關係は民法の一般原則を以て之れを支配せり、是れ當時商事關係に對し、屢々萬民法(Jus gentium)の適用せられたるに依り明なり、故に例へば商事に關する債權法に付ては契約自由の原則行はれ、又利息の契約には民法の利息制限法を適用した

民法に對する特別法

り、各種の契約即ち賣買、組合、請負、雇傭等に付ては、民法と同しく極めて嚴格なる形式を尊び、債權者は債務者に對して殆ど無限の權利を有したり、されども羅馬人は又一方に於ては法の解釋と適用とに就ては、比較的自由の見解を採り、各人の德義と信用とを酌量し、當事者の意思をも亦尊重せり、之を以て商事關係に付ても、裁判官は商事に關する特別法なきに拘はらず、能く商業上の特別利益を保護し、及び各種商業に固有の觀念を無視することなきを得たり、之を要するに商業上の事項に關し、適切なる判決を與へんとするときは、裁判官は伸縮自在なる民法上の原則に依據したるものなり、之を以て羅馬に於ては商業關係に特別なる規則即ち民法の特別法たる商法の規則は極めて稀なりしなり。

されども此等商業上の特別法は、絶體的に之れなかりしと云ふことを得ず、羅馬人は特別法を絶體的に排斥せんとしたるにはあらず、故に全く民法の原則を適用すること能はざる二三の商業關係に付ては、漸次特別法を發生するに至れり例へば奴隷が、主人の許可を得て其特有財產(Pekulium)を以て商業を營む場合に主人に對し訴を提起せんとするときは、民法上許されたる Actio de peculio の訴に

依らずして、之と全く異りたるActio triteutoriaの訴に依ることを得たるが如し、其他海商に於ても、民法と異る特別の規則行はれたり、例へばActio exercitoria; Foenus nauticum等に於けるが如し。

第二節　中古時代

中世紀に至りては商業上の特別法即ち商法は、長足の進歩をなせり、殊に商業の隆なりし北部伊太利「カタロニヤ」、佛蘭西、獨逸及英吉利に於て然りとす、今中世紀に於て、商法の發進したる重なる理由を擧ぐれば左の如し。

第一、羅馬の末世に於ける立法の影響。

羅馬の末世に於ては lex Anastasiana なる法律を以て、債權の讓渡を制限し、實價の半以上の賣價を以て物品を賣買したる場合に於て、買主に賣買の取消權を與へ(laesio enormis)債務者に對する債權者の權利を狹め、連帶債務者に分割の利益(Beneficium divisionis)を與へ保證人に檢索の利益(Beneficium excussionis)を與へ、又債務證書の證明力を薄弱にしたり、是等の法律が商業の敏活を害し、其發達に多大の妨害

を與ふること明なり、從て此等の法律が商事に關する特別法の發生に重要なる動機を與へたるは又多辯を要せざるなり。

第二

第二、日耳曼法の影響。

日耳曼法は全く農民法にして且つ武士の法なり、之を以て此法は未だ商業上の特別利益を保護するに足らざりしなり、日耳曼法は契約の締結に嚴重なる形式を必要とし、婚姻をなしたる妻には、獨立に商業を營むを許さゞりき、此等の法規が商業上不便のものにして、從て特別法を要するや、又敢て喋々を要せず。

第三

第三、宗教法の影響。

宗教法は諸種の點に於て殊に債務者を保護せり、殊に金錢の貸借に利息を禁じたるは、商業の發達を阻害するに於て極めて有力なるものなり。

民法の原則を避けんとするの規定（消極的規定）

夫れ斯の如し、商人は以上の如き諸種の法規に服從することを得ざるなり、されども、以上の如き思想は、是れ當時一般社會に行はれたるの思想にして、商人が俄に之が變革を試みんとするも能はざりし所なり、是に於て乎商人は少くとも商業上の利益の範圍内に於ては、以上の如き民法の規定を避けんと欲し、此目的を

達せんが爲め、彼等は當時商人間に行はれたる諸種の法律觀念を集聚して、之に形體を與へ、以て特別法を形成せんとするに至れり、是に於て乎中世紀に至り、商業の爲めに不利なる民法の規則は、之を商事に適用せざらんとし、之か爲め之を排斥せんとする多くの消極的規定を發生するに至れり、例へば商業上の賣買に在りては Laesio enormis (前述)に依る取消權の規則を適用せざる事、商業上の保證に在りては檢索の利益を認めざる事、商業を營む妻は、夫の監督、商業を營む未成年者は、後見人の監督より獨立すること、(商業は人を成年にす „Handel macht mündig.“) 等を規定したり、されば lex Anastasiana の規則及宗敎法の利息禁止法は之が爲め變更を蒙りたり、契約に一定の形式を必要とせざるを定めたるが如きは、此消極的規定の中に數ふべきなり。

然りと雖中世紀に於ける商法法典の發達は、啻に民法の規則が商事に不便なる爲め、即ち當時の民法上の規則に對し、特に商人の爲めに例外を設けんとしたるに原因するのみならず、此他尚諸種の原因の預りしもの多し、中世紀の商業が羅馬時代の商業に勝りしことも其一原因なり、殊に中世紀の國家及社會一般の組

商業組合

織狀態は、全く商事に關する特別法の發達を催進せしむるの一助となれり、即ち當時に於ては、社會の各階級に於て各自其階級に適する特別法を制定せんとするの傾向あり、例へば地方の法、都市の法若くは宮廷の法等の如く、各其規則を別異になさんとするの傾向を生せり、而して商人は當時已に社會に於ける一階級と稱し得るの狀態に適し、又屢々一種の商業組合を組織したることあれば、彼等が特別法の制定を希望したるは自然の勢と云ふべし、且つ當時の商人は既に商事に關して特別の裁判所を有し、自ら法規を發生せしむるの手段(當時の法の發生は重に裁判所の慣習より來れり)を有したり、又商人間の組合決議は、屢々成文法に變じ、商人は直に商事に關する法規の立法者なるが如き觀を呈したり、此等列擧の現象は一として、中世紀に於ける商法法典の發生を助けたる原因にあらざるなし。

積極的原因

其他尙中世紀に於ける、商法々典の發生に對し、新に積極的原因の生したるあり、是即ち社會的組織の變革なり、中世紀の社會組織は羅馬時代のそれに比して極めて長足の進歩をなし、殊に公の商事會社の形式、即ち合名會社及株式會社の形

式は假令未だ其初期なりしと雖、此時に於て新に發生し、又全く一種斬新なる契約の行はるゝものあるに至れり、例へば保險契約及海上保險の如し、又日耳曼の證書制度は商事に採用せられ、之を基礎として手形法及積荷證書(Konnossement)法の發達を見るに至れり、商人と商業使用人との關係は益々精密に規定せられ、殊に商業使用人は自己の爲めに商行爲をなすことを禁せらるゝに至れり、彼の商業帳簿に關する制度は、之に一定の證據力を附與すること、此帳簿を日常備ふることを商人の法律上の義務となすに至りたること等は、皆此時代に生したるなり、又此時代に至りては、新に商號權に關する規則、其他海商に關する諸種の原則を發生したり。

民法と商法との關係

斯くして商法は愈々民法と遠かり、其範圍は愈々廣く、其內容は益々多きを加ふるに至れり、而して此等特別法(即ち商法)は啻に個々獨立の單行法にあらず、又啻に商法と民法との分界を示す形式上の差異にあらずして、此兩法系に行はるゝ大精神に大差異を生したるなり、今其差異を擧ぐれば、商法は便宜の法なり、其根本の觀念は、取引上の信用を重するに在り、之に反して民法は正義の法なり、其便

宜を參酌するは極めて少し、尙商法は商取引の自由を目的とするに反し、民法は汎く人の行爲を監督し、之を束縛するものなり。

民法と商法との間には以上の如き大差ありと雖、所謂中世紀に於ける商法なるものは、民法の原則を基礎として發生し、之より分化したるものなることは照々乎として明なり、故に純粹羅馬法の行はれたる地方に於ては、商法は羅馬法的にして、純粹獨逸法の行はれたる地方に於ては、獨逸法的なり、羅馬法と獨逸法と併ひ行はれたる地方に於ては、商法は此兩主義を混用せり、而して歐洲大陸の大部分は、羅馬法と獨逸法と併せ行はれたる地方なり、此兩主義の折衷より、商法の需用に尤もよく適合する原則漸く發生し、以て羅馬法の觀念と獨逸法の觀念との接觸を見るに至れり、例へば契約法は全く羅馬法に基き、物權法は獨逸法(例へば動產讓渡に關する制限)に傾き會社の形式は獨逸法に淵源し、有價證劵たる商業證劵は、獨逸法を基礎として發達したるものなり。

第三節　近世

近世の商法は、單に中世紀に於ける商法が、漸次に發達したるものたるに過ぎず、只前世紀の終末に至り、商法は再び新發展の氣運に向ひたり、何となれば中世紀の商法を發達せしめたる外部關係即ち商人間に特別法及階級法を可とするの觀念、商人階級と他階級との分離、及ひ其商人組合の有權的立法權の慣習は、茲に至りて全く一變せられたるを以なり。

民法に對する商法の退化

此等の變遷は、先つ商法々典の改正に依て現はれたり、而して其一端は中世紀に行はれたる商法々文の多くが、此時代に至りて删除せられたるに在り、例へば「商業は人を成年者となす」(Handel macht mündig) の法文は獨逸の新立法に於ては中世紀に於けるが如くに其主義を一貫せず、又商業帳簿の機械的證據力は全く排斥せられたり、吾人は此等の現象を稱して民法に對する商法の退讓と稱することを得べく、商法は民法の一般的原則に對して降服し從來保有したる特別の地位を拋棄したるものと云ふを得べし。

民法と商法との爭

されども又他の一面に於ては、法律の發達は之と全く異りたる現象を呈す、即ち民法と商法との戰に於て、民法が商法に對し、全く降服者の地位に立ちたるにあ

り、換言すれば商法の原則は反對に民法に採用せらるゝに至りたるに在り、商法は從來の法律觀念を打破し、之が開拓者の地位に立ち、民法も亦之に追尾し、今や新軌道の中に進入し來れり、然れども商法が民法に對する戰に於て得たるの勝利は其結果として同時に商法の滅亡を來たし、商法は遂に其特別法としての地位を失墜するに至れり、何となれば商法の規則は極めて簡便なるを以て、民法にも採用せられ、其適用の範圍益々擴大し、之と同時に此等の規則は、所謂商法の規則たる性質を失ふに至りたればなり、茲に於て乎知る、商法の進歩は同時に其退歩となりしことを、今商法が民法の範圍を侵したる實例を擧くれば實に左の如し。

商法が民法の範圍に侵入したるの實例

(1)婦女に與へられたる特別保護の規定は、先づ商業を營む婦女に付て之を廢し、次て其他の婦女に及ほし(2)商業を營む婦女は、婚姻をなすも其夫の助力を要せずして單獨に訴訟能力を有するものと宣言せられしが、此規則は漸次商業を營まざる他の婚姻後の婦女にも及ほされ、(3)假令未成年者の行爲と雖、其者が商人なるときは之を取消すことを得ざるの規定も亦漸次商人にあらざる未成年者

けれども商法の退歩は商法の全部に關せず

の行爲に適用せられ、(4)債權の賣買を制限せる Lex Anastasiana の規則は、先つ商行爲に付て廢止せられ、次て民事上の行爲に及ほされ(5)又形式的効力を有する證劵に對し訴權を許可したるは、商業證劵に始まり、次て民事上の證劵にも及ほさるゝに至りたり。

夫れ斯くの如く、商法の退歩は一方に於ては其規定が漸次其効力を失ひたると、他方に於ては民法の一般原則として採用せらるゝに至りたるとに因て明なりと雖、しかり此退歩は決して商法の全部に付て行はれたるにあらずして、重に之に依て支配せらるゝ商行爲の範圍の縮小に依て其目的を達し、商法は決して未だ眞正の特別法たる地位を失はざるなり、例へば民事上の保證人は、從來と等しく検索の利益を有するに拘はらず、商法上の保證人は之を有せざるなり、此規定は尚最近の商法に於て採用する所なり、又商人は最近の商法に從ふも尚商業帳簿を具備するの義務あり、但し商人にあらざる他の營業者に在りては此限にあらず、又商號は從來と同しく之を民事上の姓名と區別する等の如し、加之商業は近世に至りて俄に未曾有の發展をなし、之に關する無數の規定を生じ、其効果は

主として商事取引に限局せられ、商法か今日に於ても尙民法の特別法たることは何人と雖之を疑ふことを得さるなり例へば從來存せし各種商業上の代理權の外に、獨逸商法の所謂共同支配權の發生したること、多くの商事會社の外に、新に登記組合及有限責任會社の發生したること、其他鐵道運送に依て、從來の送運業に關する規定を變更したること及び内海航海法が海商法に極めて接近したること等なり。

商法の民法に對する地位關係

以上の說明に依り近世に於ける商法は其範圍に於て或は失ひ或は得たるものあるを知る、然りと雖其失ひたる部分と得たる部分とは何れが大にして何れが小なる、是れ大に判定に苦しむ所なり、只近世に於ける商法と民法との間に從來の如き甚しき懸隔の存せざるは事實なり、又最近の觀念に從へば、民法と商法との本質の差異は重要なるものにあらず、互に相倚り相待て、共に私法の全部を形成するなり、殊に便宜の觀念は民法にも採用せられ、又商取引と民事上の取引との間に存する差異(一方は自由、他方は拘束)は、全く消滅せしにはあらざるも少くとも特に注意すべきの價値を失ひたり、今日に於ける商法と民法との差異とし

近世の商法に於ける羅馬法及獨逸法の觀念

て特に注意すべきの點は、商人は其取引に於ては、他の營業者及び普通人より一層嚴重なる規定の支配を受くるに在り、此現象は債權者たる場合と債務者たる場合とに於て現はれ、債務者としての商人の責任は、特に重く又債權者としての商人は其債務者に對し特別の責に任せざるべからざるなり。

折衷の主義は、最近の商法に於ても亦存する所なり、但し羅馬法の觀念を一々此中に指摘するは元より、難しとする所なり、されども此中に存する獨逸法の元素は極めて明白にして其數も亦極めて多し、殊に商號權、商標權手形法及び海商法は明に其淵源を獨逸法に發したるものなり、最後に近世の商法中新に生したる元素は極めて多く此等は或は獨逸固有の觀念より來り、或は佛蘭西及び英國の觀念より傳來せり、故に商法の規定は、特に世界的性質を有するもの多く、商法上の制度を以て、國際法上條約の目的となすものあるに至れり、此法規が世界的となりたるは、諸種の點に現はるゝも、特に郵便及鐵道交通に依て之を見るを得べし。

中世紀の商法は重に慣習法なり

第十七世紀以來

乙、商法の外部關係（淵源）

中世に於ける商法は、重に慣習法なり、此慣習法は、裁判所の判決、法律行爲に關する證書及一種の法律書に依て今日に傳來せり法律書中特に注意すべきは、海商に關するものなり、此等は全く私人の手に依て成り、しかも實際に於ては當時法律と同一の價値を有したるものにして、例へば第十四世紀に於て發生せる「カタロニャ」の〟Consolat del Mar〟の法律書の如し、されども此法律は慣習法の外に尙多く商事に關する法規を含有せり、即ち商人組合の自由意志に依りて成立せる法規（組合的商人階級の自治權に基くもの）其他市組合の定欵等を含有せり、されども此等法律書の行はれたる場所的區域は極めて狹く、且つ其內容より云へば當時の慣習法に基き單に其慣習法を明劃にするの主旨に過ぎざりしものなり。第十七世紀以來法律と慣習法との關係は全く一變し、法律制定の氣運頓に動き法律は其實質上全々商慣習法より獨立するに至れり、此氣運に乘じて、假令商事關係の全部に涉らざるも、しかも其大部分に涉れる、大法典の續々發布せらるゝ

商法々典の編纂

ものあるに至れり、是れ即ち所謂商法々典編纂の嚆矢なり、素より商慣習法は之に依て全く絶滅したるにあらず、商慣習法は各個の疑問其他編纂に漏れたる事項に付ては、尚確然として其効力を有したり、されども、其行はるゝ範圍が成文法に依て愈々縮小せられたるは事實なり、此等の法典を擧ぐれば左の如し。

(1)佛國の立法

商例及海例

商法々典

(1)第一に擧ぐべきは佛國の立法にして「コルベール」(Colberts)氏の盡力と「サバリー」(Yacques Savary)と稱する商人の助力とに依り成立せる、一千六百七十三年の商例(Ordonnance de commerce)及一千六百八十一年の海例(Ordonnance tou chant la marine)なり、次で此等二法典を基礎として一千八百〇七年商法々典(Code de commerce)は發布せられたり、而して此等の法典は其難解なかりしに拘はらず商法上に極めて多大の影響を及ぼし、又其影響は單に一佛國内に限局せられずして廣く世界に波及したり。

(2)獨逸の立法

普國の「ランドレヒト」

(2)獨逸國に於ける商法編纂の嚆矢は、一千七百九十四年の普魯西の「ランドレヒト」(Das preussische Landrecht)にして、其内容佛國の商法より廣汎に、其影響を及ぼしたる範圍も亦遙に之に勝れり、然るに普魯西の「ランドレヒト」は久しく獨逸國の

一般的商法々典編纂の企圖

商業關係を支配するに適せざりき、何となれば一は近世に於ける商業の發達激甚なりしと、他は此法典が單に一普魯西の法典たるに過ぎずして、獨逸國全體の商事關係を支配するに適せざりしを以てなり、されば單に普魯西一國に限局せらるゝことなき商法々典編纂の企圖は、既に早く唱導せらるゝに至れり、されども此企圖に對して一大障害の橫れるありて、容易に之を果たすを得ざりき、一大障害とは何ぞ、即ち獨逸法は分烈甚しく、其間に毫も主義の統一なく、又獨逸國の統一を目的とするの運動に對しては、聯邦各國は獨立なり、之を侵害することを得ずとの聲高く、且つ聯邦中最も勢力の隆盛にして、此事業に對して獨り囑望すべきは普魯西國ありしのみなるも普魯西は之が提議をなすを好まざりし等は、即ち皆此大障害と稱すべきものなり、之を以て獨逸國の全土に行はるゝ手形法は、幸にして成功し、一千八百四十八年の頃、其發布を見るに至りたるも、商法全部編纂の事業は、容易に其着手を見ることを得ざりき、其後一千八百五十六年に至りて、始めて「バイエルン」國の提議に基き、獨逸聯邦議會は之が編纂に着手するの運に向ひたり、但し聯邦議會は、素より議會として立法權を有したるにあらず、從

「ニュルンベルグ」委員

獨逸商法草案の成立

て凡ての聯邦が獨逸商法編纂事業に贊同するにあらずんば、敢て一歩をも進むることを得ざりしなり、而して此贊同に基きて成立したる「ニュルン、ベルグ」委員(Nürnberger Kommission)は一千八百五十七年より一千八百六十一年迄の間、此事業に潜心し、遂に獨逸商法々典の起草を完成するに至れり、而して聯邦議會は各聯邦が自由意思を以て此草案を採用せられんことを勸告するの外、何等の權限をも有せざりしも、當時獨逸國一般の希望として、統一したる商法々典の成立を渇望したること、大旱に雲霓を望むが如くなりしを以て、聯邦議會の立法權に依りたるにあらずして、各聯邦は「ニュルンベルグ」委員に加入し、或は其儘或は些少の變更を加へて、聯邦法律(Landesgesetz)として、此草案を採用したり、(一千八百六十一年より同六十五年迄是に於て乎始めて一般獨逸商法の成立を見たり。上述の如く一般的商法が各聯邦に採用せらるゝに至りたるは、各聯邦の上に位する立法權ありたるに依らずして、各聯邦が有する立法權の行使の結果に依りたるものなれば、獨逸商法の統一は之に依て未だ全く鞏固なりと云ふことを得ず、何となれば各聯邦に於ては或は全く此草案を拒絕し、或は之に變更を加へて

獨逸帝國商法の成立（舊商法）

帝國商法と聯邦各國との關係

採用し、若くは既に採用したる法典の一部を自由に廢止し、變更することを得たればなり、此等不安固の狀態は其後北獨逸同盟の成立及び獨逸帝國の建設に依て始めて除却せられ、彼の草案は直に北獨逸同盟の商法となり、また直に帝國法(Deutsches Reichsgesetz)となるに至れり、之を以て此商法は嘗て之を拒絶したるの地方にも行はれ、聯邦に依る一部の變更は、爾來全く爲し得ざることゝなれり、されども更に嚴格に曰へば獨逸商法の統一は、尙之を以て全く完成したるにはあらず、何となれば、(1)商法に規定を缺ける事項の範圍に於ては、各聯邦は自由に法規を定むることを得、又(2)此商法々典自身が明文を以て、規定の或ものに付て自由に例外規定を設くることを各聯邦に許したるを以てなり。

帝國商法を變更したる法律

其後帝國商法は種々の立法に依て、漸次補綴せられ大變更せられたり、特に株式及海商人の權利に關する規定に於て然りとす、前者は一千八百七十年六月十一日の法律及一千八百八十四年七月十八日の法律に依り、後者は一千八百七十二年十二月二十七日の法律に依り變更せられたり、又手續法殊に民事訴訟法施行法第十三條、破産法第二百〇一條等に依りて變更を蒙り、且帝國商法は帝國銀行

帝國新商法の發布

法、帝國郵便法、及登記組合に關する帝國法に依て補綴せられたり。

最後に一千八百九十七年五月十日帝國新商法は發布せられたり、其外部的動機と稱すべきは、帝國新民法の發布なり、帝國新民法は從來商事關係のみを支配したる諸法規、即ち商法の規定を多く民事上にも適用することを定めたればなり、（商法の退化）既に然りとせば此等の規定は之を商法に置くの要なく、殊に法典の體裁と規定の明劃を期せんが爲めには、此等の規定を商法々典より刪除するを以て至當とす、又商法中の二三の規定は、假令民法中には規定せられざるも、民法の原則より當然兩法律關係に共通のものなることを推知し得るか、若くは商法に依然規定せらるゝに於ては反て此規定は商法のみに行はれて民法上の關係には適用なきかの疑を生ずるものあり、此等の規定も亦之を商法中より刪除するを適當とす、斯くして商法々典の根本的改正は實行せられたるも、此他立法者は新民法の發布と何等の關係を有せざる點に於ても、尚變更及び補綴を試みたり、即ち實質上商人及び商行爲の根本觀念を變更し、會社法を新に編成附加し、商業徒弟、代理商及倉庫營業に關する精細なる規定を補綴し、また反對に、臨時會社

(Selegenheits gesellschaft) に關する一章を削り、且之と共に商法を補ふ一二の單行法を改正したり。

第二編 本論

第一章 憲法

第一節 總論

憲法とは國體政體の大原則を規定したるものなり、凡そ國あれば必ず憲法あり固より成文たると不文たるとを問はざるなり、一國の組織之に由りて定まり一國の大權之に由りて動く。

國體政體は歷史の結果なり歷史上一國の成立する所以を考ふれば則ち國體政體を推知するを得べし、國家の成立は之を別て二となすことを得、一は權力者が其最高權力を以て土地人民を横奪したるにあり、一は權力者が他の强大なる權力に服從せんが爲め其支配を割讓したるにあり、一は强制的にして一は任意的なり、北獨逸聯邦の成るや一部は强制的にして一部は任意的なりき、即ち一方には兵馬の權を以て侵略を事とし媾和條約を締結し一方に聯邦條約を以て平和的

に憲法を改正せり、然れども現今の獨逸帝國は之と全く建國の基礎を異にし各聯邦に屬する主權を讓るや全く任意的なり平和的なり只「エルザス、ロートリンゲン」は例外とす、斯くの如くにして成立せる獨逸帝國は一の聯邦にして之を形成する各州の君主が積極消極の公使權を有するは敢て關する所にあらず、獨逸帝國は一種固有の建築風を有し「プロイセン」を以て其中心とす、獨逸帝國は所謂帝國の特性を有し、帝位は事實上法律上「プロイセン」の國權と一致す、帝國を組成する各州は同等の權利を有するものにあらず之れ他の聯合國と異る所なり、又各州は凡て帝國權力の行使に參與す。

憲法上各州に加ふへき制限の程度は州により又同一の州にても時代に依り一樣ならす不變ならさるを以て學說上之を決定するを得す、其帝國が有すへき權限の最少限度は次の如し、曰く外國に對し國民的生存の確保及び內國に於ける平和の維持、故に他の列國に對して代表し陸海軍を統帥し軍隊を編成するが如き之に屬す、曰く財政に付各州の同意を要せざること、故に獨立して租稅及び關稅を徵收し國債を決定するが如き之に屬す、曰く經濟上の內外交通、故に郵便電

信航海運河鐵道の如き之に屬す、次に各州に屬すへき獨立權の最少限度は各州の歴史風俗習慣に依り成立したる制度にして之を存續せしむるも敢て國民の共存目的を侵害せざるものを以て其範圍とす、又獨逸帝王の不可侵權は國權に對抗すること勿論なり。

以上兩最少限度の中間に於て廣漠たる範圍あり、其内私法刑法訴訟法は帝國の事業として各州に對して一樣なるを期せり、之れ北米合衆國及び瑞西に無き所なり、國民の有形無形の財產に關して安寧を增進するは屢帝國々權の活動する所なりと雖とも瑞西及び北米合衆國に於ては其大部分は之を各州に留保せり、又教育、國有財產の管理、保安警察は獨逸に於ては之を各州に委し其他の事項に付ては混合的性質を有す。

獨逸帝國憲法第四條の規定は帝國に屬する立法權及び監督權の全部を網羅したるものにあらず、其前後の條文を參酌して帝國の權限に屬すべきもの尙多し、今帝國立法權の範圍を見るに次の如し。

一、交通の自由即ち移轉の自由、居住關係、旅行、外人警察、營業(保險を含む)移民及び

殖民。
二、關稅及び商業立法、即ち帝國の租稅、外國貿易の保護。
三、銀行手形及び價格測定の規定、即ち度量衡、貨幣、紙幣、銀行。
四、交通機關、即ち鐵道(一般交通及び國防に關する公益の場合に限る)道路、航運、郵便、電信。
五、法律の保護及び法律の共助即ち發明特許、著作權、獨逸國內に於て宣告せられたる判決の執行、公文書の認證。
六、民法、刑法、訴訟法の統一。
七、陸海軍。
八、醫務警察及び獸醫警察。
九、出版及び結社。
其他聯邦議會に代表者を派遣する聯邦政府の同意あるときは、帝國は各州の權限に屬する事項と雖ども之を管轄することを得へし、例へば帝國が學術上の計畫を保護奬勵するが如き之なり、然りと雖ども帝國は又一方に於て自己の權限

帝國と各州の法律との比較

に屬する立法權を推して之を各州に委することを得。

帝國法と各州法との效力を比較すれは帝國法は各州法に對して優先權を有し各州法は帝國法若は帝國憲法以前の發布に係る法律と雖とも苟も之に牴觸する以上は其效力を失ふ、帝國法と各州法との間に牴觸あるとき進んて之を排除するは各州の義務なり、若し各州が此義務を履行せさるときは皇帝及ひ聯邦議會は帝國執行の方法を以て牴觸州法を廢せしむ、帝國官廳及ひ帝國官吏は帝國に屬する權利を保全するの權限を有し殊に行政の範圍に於て然りとす、司法に於ては獨り帝國裁判所か帝國法律の優先權を維持すへき義務を有するのみならす各州裁判所亦此義務を負ふ、是に於てか司法官の地位一段の崇高を致し以前の憲法に於ては法律命令の審査權は國家官廳の有する所なりしか今や方に司法官にも之を與ふるに至れり、帝國法律は官報（Reichsgestz blatte）を以て之を公布し各州は特別に之を公布するの要なく之を承認するの權なく又反對するの權なし、帝國法と牴觸する各州の法律は當然其效力を失ふものなり、古の獨逸同盟國（Deutscher Bund）の時代に於ては重要なる一般獨逸法に付て法規の存在せし

ものー千八百四十九年の獨逸爲替法、及ひ一千八百六十一年の獨逸商法に過ぎず、其他の法律に付ては紛雜錯綜を極め拾收すへからざるものありしが獨逸帝國の成立するに及んで重要なる數多の帝國法を發布し以て獨逸國法律の統一を大成せり、之れ實に獨逸帝國の賜なりと謂はさるべからず。

帝國法律發布の準備は伯林に於ける帝國司法省の特別帝國官廳の司る所なり帝國法律は官報を以て之を公布すること前述の如し、其施行期限に至りては法律に別段の定なきときは伯林に於て官報發布の後十四日とす。

帝國法が各州法に優先權を有するの理は帝國が締結し適法に公布したる條約に付ても亦同し。

獨逸帝國が他國と條約を締結するに方り其權限を有する者は一概に之を定むるを得すして先つ條約の內容を審査せさるへからず、外部に對して帝國を代表するは獨逸皇帝なるを以て條約締結の權も亦之に屬すと雖とも條約の內容にして帝國立法の範圍內に屬するときは之が締結は聯邦議會の協賛を要し且帝國議會の承認を經るに非されは其効力を生せず、尙憲法の變更を條件とする條

約は聯邦議會に於て十四票の反對あれは成すること能はす、其他皇帝の條約締結權は毫も妨けらるゝ所なし、帝國か外國と締結したる條約と各州が締結したる條約との關係は帝國法と各州法とのそれに似たり、各州の條約は帝國か外國に對して取得したる權利義務の條約に反對することを得す、又各州の條約に依り帝國の法律又は憲法を變更すること能はさるは明なり。

聯邦議會は各州政府を代表する帝國々權の合議機關なり、各州政府とは王及ひ自由市の元老院之なり、各州か有する議決權の割合に關しては一千八百十五年舊同盟國法に依り各州の廣袤を斟酌して之を定めたり、聯邦議會の議長及ひ其議事を總理する者は帝國宰相(Reichskanz ler)にして「プロイセン」より之を任命す

聯邦議會の議員は各州政府の代表者として只其政府の命に服するのみ、聯邦議會は皇帝之を招集し其職權は法律命令の發布法律の執行管督行政裁判外交に及ぶ、法律命令の發布に付ては凡て帝國議會に提出して決議せらるへき法律草案は聯邦議會が協賛することを要す、各州政府は法律案を提出することを得、行政に付ては聯邦議會は帝國高等官吏の任命に參與し其他帝國法律の執行に必

獨逸皇帝

要なる一般行政法規を命令す、裁判に付ては、各州間に起りたる私法以外の爭を決定し裁判拒絶の訴願を裁決す、尙外交に關する委員會の委員は聯邦議會より毎年之を選擧す、聯邦議會は議決權の三分の一か發議したるときは皇帝之を招集す、議員は帝國議會に於て議決權を有せす、聯邦議會に於て同一國の有する數個の議決權は其政府の訓令を奉して一樣に行使せらるゝことを要す、議員か訓令に違反して議決權を行使したる場合に如何なる範圍に於て聯邦議會の決議を取消すことを得るかは問題に屬す、聯邦議會の議事は秘密とす。

獨逸帝國の最高監督權は「プロイセン」皇帝に屬し獨逸皇帝(Deutscher Kaiser)の尊稱を有す、帝國憲法に依れは獨逸帝國皇帝の權利は次の如し、國際法上外部に對して帝國を代表し聯邦領域の侵奪を防禦せんか爲めに宣戰を布告す其他の場合に於て帝國の名を以て宣戰を公布するには聯邦議會の同意を要す、媾和を約し同盟を訂し其他の國際條約を締結す、又聯邦議會を開會延期閉會し帝國宰相及帝國官吏を任命す、帝國法律を裁可し之を公布し其執行を監督し聯邦議會の決議する强制方法を執行し平時及ひ戰時に於て陸海軍を總督し戒嚴を宣告す、又

章程を發し郵便電信行政を總括し帝國領事を監督す、凡て之れ皇帝に屬する權限なり、皇帝が帝國憲法の完成に參與するは其法律の形式及ひ內積か違憲ならさるかを審査確定するに在り、若し違憲ならずとの結論に達したるときは之を裁可せさることを能はず、帝國憲法第五條に規定して曰く帝國の立法權は聯邦議會及び帝國議會之を行使す、兩議會が多數決を以てする一致は帝國法の成立に必要にして且つ十分なりと蓋此謂なり、然れとも皇帝は一方に於て「プロイセン」國王として聯邦議會に於て投票權を有するか故に間接に獨逸皇帝としての法律裁可權に補する所あるのみならず或る場合には明かに禁止權（Veto）を有することあり、皇帝の權と聯邦議會の權限とに付ては帝國憲法の規定は十分明瞭なりと謂ふを得す、殊に命令及び監督の權に付て然りとす、然りと雖とも獨逸の最高權力は其源を各州の權力の總合に汲むものなることを想はゝ命令權に付て疑ある場合に於ては凡て聯合議會之を決定すと謂はさるへからす、尙皇帝に屬する特權例へは刑法上の特別保護、一定の帝國司法事件に於ける恩赦權の如きは帝國憲法に其根據を有するものにあらず、帝國法律の規定なるか故に通例

の法律を以て之を變更することを得。

次に帝國議會に付て說く所あらん、獨逸國民より選出する代議士は初め此獨逸同盟國に於ては二百九十七人にして之に南獨逸の代表者を合して三百八十二人となり「エルザス、ロートリンゲン」の割讓以來增加して三百九十七人たり選擧は普通直接投票にして無記名なり、帝國法と爲りたる一千八百六十九年五月三十一日北獨逸選擧法は主として一千八百四十九年「フランクフルト」の國民議會に以て決議したる選擧法に基くものなり、此選擧法に於ては普通選擧を以て原則とし其第一條に二十五歲以上の獨逸人は其住居を有する州に於て帝國議會議員の選擧權を有することを規定せり、但し一、破產の宣告を受けたる者、二、被後見人、三、貧民救助を受けつゝある者又は選擧の前年に於て之を受けたりし者、四、裁判所の宣告に依りて公民權を剝奪せられたる者は選擧權を有せす、此例外は既に「フランクフルト」の選擧法に規定したる所なり、獨逸帝國選擧法に於ては又陸海軍人は現職に在る間は選擧權を有せず、但し軍事に關する文官は此限に在らず、即ち特別なる軍事選擧區の設置を許さゝるなり、一年以上帝國を組織する

一州に屬し二十五歳以上の者にして選擧權を有する者は凡て被選擧權を有す選擧は絶對多數を以て定むるものとし若し一選擧に於て絶對多數を得たる者なきときは比較多數を得たる二名の候補者に付て更に選擧の手續を爲す、帝國議會の決議は少くとも議員の法定數の過半が出席するを以て要件とす、故に議員全數三百九十七名の中百九十九名出席するに非されば有效なる決議をなすことを得す、帝國議會の解散は聯邦議會の決議に依り皇帝の同意を得て之を行ふ、帝國議會か解散せられたるときは六十日以内に再選擧を爲し九十日以内に更に之を招集することを要す、帝國議會の權限は第一に帝國の立法に參與するに在り、帝國議會及ひ聯邦議會は二個の立法權力にして其協贊なくんは如何なる法律と雖とも成立することを得す、帝國議會並に聯邦議會は各自ら法律案を提出するの權限を有す之を稱して發案權(Gesetzgeberische Initiatiue)と稱す、第二に帝國議會は帝國財務行政に參與し每年制定すへき帝國の豫算は帝國議會の協贊を經ることを要す、國債を起し帝國の負擔となるへき擔保を引受くるは凡て帝國議會の決議なかるへからす、第三帝國の立法事項に關し外國と條約を締結

宰相

したるときは帝國議會の協賛を經されは其効力を生せす、帝國議會は最高帝國官吏に對し國務大臣彈劾權に類似したる權利を有せす、獨逸全軍隊に對する費用は憲法に依りて一定の額を規定し帝國議會は只一定の制限承認權あるのみ帝國議會の議員は無給なり、議員は全獨逸國民の代表者なり全國民代表の原則は被選擧權に付て各獨逸人は其住所の如何を問はす獨逸全國に亘りて選擧せらるゝことを謂ふのみならす一千八百七十三年一月二十四日の法律を以て凡ての議員は其選擧區の當該立法事項に付て共同關係を有せさる場合に於ても尚且議決權を有すとまて擴張せらるゝに至れり。

帝國宰相の憲法上の地位は憲法に規定せられたる二面の性質に因りて定まる、帝國首相は一面に於ては普魯西國王か帝國の一州としての權利を行はしむる機關にして、他の一面に於ては帝國自體の最高官吏なり、宰相は聯邦議會に於ける議長にして皇帝の任命する所なり「プロイセン」か故障ある場合には一千八百七十年十一月二十三日の條約覺書に依りて「バイエルン」が聯邦議會の議長となる、然れとも帝國宰相は又他の聯邦議會の議員を以て之を代理せしむることを

獨逸帝國の官廳及官吏

得、獨逸帝國の行政は「プロイセン」と異り合議制の組織を有する內閣の手裡に存するものにあらす、帝國政府首長たるものは帝國最高官吏としての帝國宰相其人にして實に唯一の帝國責任大臣なり、帝國宰相は行政の全部を掌握し帝國行政各部に對して其長官たり、即ち獨逸帝國は所謂嚴格なる中央集權の主義を貫徹したるものなり、然れとも宰相は一身を以て帝國全般の行政を主宰すること能はさるを以て帝國行政の各部を特別の官省に委託せり、又一千八百七十八年の法律を以て帝國宰相の職務の全範圍に亘りて一人の代理人を一般に任命することを得るを規定せり。

獨逸帝國の官廳及ひ官吏は之を他の共和的聯邦に比するに、著しく帝國的の特徵を有するを見るへし、歷史的遺傳に依るものなり、然れとも瑞西及ひ北米合衆國に於ては各州の事務と全國の事務との間に形式上の分界あり、延て官廳の組織に著しき印象を表はすと雖とも獨逸國に於ては帝國法の施行は主として各州官廳の協力に俟つもの多し、是を以て帝國官廳の組織には次の區別あることを見るへし、第一には各州官廳か全く無關係にして參與することを得さること

務を取扱ふ官廳あり、即ち其事務は直接に帝國に專屬す、之に屬するものは陸海軍、公使派遣、帝國領事、帝國郵便、電信とす、第二には帝國權限に屬する事務と各州事務と併合して取扱ふ所の官廳あり帝國立法に基く司法及ひ裁判所の組織の如き之に屬す、即ち各州裁判所及ひ帝國裁判所は帝國法を取扱ふ、第三には本來は各州に屬すへき事項を例外として帝國の權限に屬せしめたる場合に於て帝國の委任に基き之を掌る官廳あり「エルザス、ロートリンゲン」に於ける官廳は凡て之に屬するものなり、其他各州に於ける官吏にして直接に帝國の目的を達する爲め執務すと雖とも之か爲め帝國に對して直接隷屬の關係を生せさる者あり、例へは帝國々境に於ける輸入税を徵收するは各州官吏の爲す所なりと雖とも其目的は後日帝國國庫に納入せんが爲めにして全く帝國の爲めに行動するものなり、然れとも此場合に於ては當該州を帝國の債務者と看做し官吏は敢て直接に帝國に隷屬するものとせす、若し夫れ帝國か任命したる帝國官吏は皇帝聯邦議會又は帝國宰相の訓令に違反することを得すと雖とも各州の官廳か帝國の目的の爲めに行動する場合に於ては之と異り其官吏に訓令を與ふるは各

州行政事務に屬すと謂はさるへからす、帝國宰相の總理の下に執行せらるゝ事務は帝國官房(Reichs kanzlei)に於て之を爲す。

第二節　領　土

國權の及ぶ範圍は、地球上一定の部分を區劃せらる、此部分に於ては國民か、永久的法規の下に固定し以て境域團體を形成す、之を稱して領土と謂ふ。領土は主權の行はるゝ境域なりと言ひて盡せり、主權の此方面を指して領土主權と稱す、領土主權は其古未た國家學の發達せさりし時代に於ては之を以て所有權と混同し最高所有權と稱し君主は領土を所有するものと爲せり、之れ領土主權は一種固有の意義を有するものなることを看取する能はさりしに出てたるものにして統治の權力は所有權と異る性質を有し所有權の淵源なることを會得せさるの誤謬なり、同一物に對して同種の權利同時に行はるゝは科學上能はさる所にして最高所有權の最高なる文字を以て之を說明せんとするも到底不可なるを免れす。

各州

領土主權は領土內に於ては獨り自ら權力を行使し他の權力を排斥するの意義を包含す「ツォエップフル」は領土主權を以て特別なる高權なりとし其特徵を掲けて、一、他の國家主權の侵入を除斥するの權、二、住居權を規定するの權、三、外國人を放逐するの權、四、外人を保護し其引渡を拒絶するの權、五、凡ての權利の取得及ひ行使を規定するの權等となせり、之を略言すれは領土內に於て獨り自ら權力を行使し他の權力を排斥するに過きす「ゲルベル」の所謂國家は只領土の上に於てのみ國家たり領土は國權の効力の場所的擴張を表明すと稱するもの之なり。

獨逸各州は帝國を形成するものにして詳言すれは帝國は「プロイセン、ミット、ラウエンブルヒ」(Preussen mit Lauenburg)「バイエルン」(Bayern)「ザクセン」(Sachsen)「ウヰルテムベルヒ」(Württemberg)「バーデン」(Baden)「ヘッセン」(Hessen)「メクレンブルヒ、シュウエーリン」(Mecklenburg-Schwerin)「ザクセン、ヴァイメル」(Sachsen-Weimer)、「メクレンブルヒ、ステレリッツ」(Mecklenburg-Strelitz)「オルデンブルヒ」(Oldenburg)「ブラウンシュワイヒ」(Braunshweig)「ザクセン、マイニンゲン」(Sachsen-Meiningen)「ザクセン、アルテンブルヒ」(Sachsen-Altenburg)「ザクセン、コブルグ、ゴータ」(Sachsen-Koburg-Gotha)「アンハルト」(Anhalt)「シュワルツブル

ヒ、ルードルスタット」(Schwarzburg-Rudolstadt)、「シュワルツブルヒ、ゾンデルスハウゼン」(Schwarzburg-Sondershausen)「ヴァルデック」(Waldeck)「ロイス、エルテレル、リニー」(Reuss älterer Linie)「ロイス、ユンゲレル、リニー」(Reuss jüngerer Linie)「シャウムブルヒ、リッペ」(Schaumburg Lippe)「リッペ」(Lippe)、「リューベック」(Lübeck)、「ブレーメン、ウント、ハムブルヒ」(Bremen und Hamburg)より成立すとは獨逸帝國憲法第一條に記載する所なり、然るに一千八百七十一年六月九日「エルザス、ロートリンゲン」(Elsass-Lothringen)を獨逸帝國に加ふるの法律出てたり、尚一千八百九十年十二月十五日「ヘルゴランド」(Helgoland)島を帝國に加へ即ち「プロイセン」國の一部を形成するものとせり、其他保護領は帝國憲法第一條に於ける州の中に入るへきものにあらす、又其民は獨逸帝國に服從すと雖とも帝國憲法第三條の所謂帝國臣民に非す、保護領は一千八百七十年六月一日國民籍の得喪に關する法律第二十一條の意義に於ては內國なりと雖とも獨逸帝國關稅及ひ租稅法に於ては外國なりとす、又帝國憲法第一條に掲けたる州の海上にして最低潮の時陸より三海里の間は其州の領域とす、航行し得へき河川に付ては澪、航行すへからさる河川は其中流山脈は分水岳を以て境界

とす。

獨逸帝國の一州か帝國以外の土地を取得するも亦帝國以外の國と君主合同を形成するも決して帝國法を違反するものにあらす、然れとも他國の土地を取りて一州を作成するには帝國憲法第一條を變更するに非されは能はさるなり、州の境域を獨逸以外の國に割讓し若は交換するか如きも法律を要す、此場合に於ては即ち帝國憲法第七十八條第一項の多數決を必要とす、即ち第七十八條第一項に於ては憲法の變更は立法の方法に依りて之を爲す、聯邦議會に於て十四票の反對あるときは修正案は破棄せられたるものとすと規定せり、境域の變更は憲法第一條の變更なるを以てなり、只媾和條約締結の場合に於ては帝國憲法第十一條第一項に依り若は憲法を採用せる各州法律に依り皇帝は帝國又は各州に對し其領域の變更を爲し帝國議會又は聯邦議會の協賛を經ることを要せさるのみならす當該州の同意をも得るの要なし。

獨逸以外の君主か相續に因りて獨の一州の君主となり若は獨逸各州間に於て一州の君主か他州の君主と爲り若は數州か人又は土地の合同を爲し若は數州

の間に於て土地を割讓し又は交換するか如きは帝國法律を要するものにあらす。

第三節　主權

帝國に於ける主權の所在

獨逸帝國に於ける主權の所在に付て或る獨逸法家は論して曰く、主權は君主に在り然れとも無制限の主權を有する者は君主に非す、君主は制限せられたる主權を有す、無制限の主權に至りては國家に屬し君主は即ち其機關たるに過ぎすと、然れとも此説は正鵠を得たるものに非す、凡そ主權は絶對無限のものにして制限せられたる主權は主權に非す、故に君主を以て主權者なりと稱しなから而も制限せられたる主權を有すと稱し機關なりと謂ふは其意義を爲せるものに非す、又無制限なる主權は國家に屬すとの論は主權の所在如何を解決するものにあらすして問題を以て問題に答ふるものなり、大凡如何なる國家と雖とも國家たる以上は皆主權を有せさるはなし主權なけれは國家なしとは明瞭なり、故に一歩を進めて國家の如何なる部分に主權あるかを答へすんは正當なりと謂

ふへからす。

或は曰く主權は君主にあり、君主即ち國家なり、專制君主か其主權を以て憲法を作り法律は國會の協賛を要し司法權は獨立の裁判所をして之を行はしむることを定めたり、若し此形式に違反するものは違憲にして効力なし、憲法改正も亦憲法中に規定せられたる手續に依りて之を爲さゝるへからすと、此説は君主は主權者なりと爲すものなりと雖とも憲法の變更は國會の協賛を要す君主自ら修正することを得す主權者たる君主は議會の制限を受くるの非論理に陷る、君主を以て主權者なりとなすには君主は憲法を自由に改廢するの權を有するものとせさるへからす。

或は曰く獨逸帝國は二十五州の聯邦にして各州は自己の權力の幾分を割きて之を帝國に移したるものなり、民、刑、訴、訟法の立法及ひ郵便、電信行政の如き之なり、然れとも帝國に移さゝる所謂留保權と稱するもの尚各州にありて存す、留保權の範圍內に於ては各州は獨立無制限の權を有す、帝國も亦其權限內に於ては無制限の權を有す、然りと雖とも制限なき主權に至りては獨逸國に於ては之を

有するものなきなりと此說は主權に制限を附したるものにして前述の如く主權の觀念に反す。

或は曰く帝國の各州は各獨立の國家にして共和國あり王國あり公國あり二十五を以て數ふ、元來各州は主權を有する國家なりしが其一部を割きて帝國に與へたるのみ、聯邦議會は各州より出せる委員を以て成り各州の主權の一部を集めたる權利を有するに過ぎず各州は主權者なりと、然りと雖とも各州は自己の憲法を獨立に改正し一定の範圍內に於て無制限に處理し得るのみ且聯邦議會と帝國議會とは共同して帝國憲法を改正し各州に屬する權限の分配を定むることを得、各州に於て發したる法規は帝國憲法及び法律に違反することを能はず之に牴觸するものは効力を有せず。

獨逸帝國の主權は帝國議會と聯邦議會とに在りと謂はざるべからず、帝國憲法の改正は二議會か共同して之を行ふ今左に憲法改正の手續に付て之を述ぶべし。

獨逸帝國憲法第七十八條に曰く憲法の變更は立法を以て行ふ聯邦議會に於て

十四票の反對あるときは修正案は破棄せらる、各州の一に對して特權を保證する帝國憲法の條規は其特權を賦與せられたる州の承諾あるに非れば變更することを得ずと、立法は帝國議會及び聯邦議會が共に協賛することを要す、帝國憲法は立法に付て皇帝の裁可を必要とせず、故に憲法を改正するに當りても亦皇帝の裁可を必要とすることとなし、然れども聯邦議會に於て十四票以上の反對あるに於ては修正案は成立せず、聯邦議會は議員の數五十八名にして五十八票なり、其中「プロイセン」は十七票「バイエルン」は六票「ザクセン」及び「ウォルテムベルヒ」は各四票「バーテン」及び「ヘンセン」各三票「ブラウンシュワイヒ」及び「メクレンブルヒ」「シュウェーリン」各二票其他は各州皆一票を有す、而して帝國議會の議員總數三百九十七名中「プロイセン」より選出する者二百三十六人「ハイエルン」は四十八人「ザクセン」は二十三人なり、即ち「プロイセン」國王若は「プロイセン」の代議士が欲せさるときは憲法改正は之を爲すことを得ざるなり。

皇帝の權利は之を分て二となす、曰く個人の權利 (Persönliche Rechte) 及び政治權(Regierungsrechte)之なり、第一に屬するものは皇帝の無責任なり立憲政體の國法に

行政の意義

於ては皇帝の一身は不可侵なりと宣明するを常とすと雖とも帝國憲法に於ては明言せず明言せすと雖とも之を包含するは固より疑を挾むの餘地なし、皇帝は其一身上刑法の特別保護に浴す、其稱號に Kaiser von Deutsland と稱せすして Deutschër Kaiser と稱するは物權上の關係なきを示さんが爲なり。

第二章　行政法

第一節　總論

行政とは何ぞや、昔は政治なる語を以て國家作用を凡て包含せしめたる「モーゼル」の領土高權論は此意義に用ゐき、其後法學の發達は漸次各種の作用を分科せしむるに至り其初めに分離したるものは司法なり、然るに近世に至りて又立法を除斥し次いで行政なる語を以て殘餘の國家作用を總稱するに至れり、即ち今日に於ては國家の作用を分て立法行政司法となす、此三種の國家作用の分界に付ては議論あり「ステンゲル」曰く行政は一方に於ては立法に對し又他の一方に於ては憲法に對す、立法權の目的は一般的抽象的規定を發し以て公私生活上各

行政の分類

個人の守るべき所並に國家の機關に對しては其行動の規定を定むるに在り、之に反して國家の行政機關は、實際の生活上國家の目的を遂行し及び國家の爲めに特別的具體的事件を規律す、憲法は園家內に結合せる各個人、市町村及び團體相互の關係及び國家內に於ける地位に付法を以て規定したるものなり、殊に國權を總攬する者は何人なりや國權を行使するものは何人なりやの問題を解決するものなりと「オットー、マイエル」は獨逸行政法に於て論じて曰く立法とは議會の協贊に因り最高權に基き法規を制定する國權の作用にして司法とは民事及び刑事裁判所か法規を維持する國權の作用なり、而して行政とは國家が其目的を達する爲めに法規の下に於て爲す所の作用なり、立法の場合に於ては國家は法規を制定するものなるが故に法規の上に在りと謂はざるべからず、司法は法規を維持せんが爲めにする國家の行動にして法規の下に在るものにあらずと之を以て行政の概念を得べし。

行政は種々に之を分類するを得。

一、外務行政、此行政に近時進歩せる時代に於ては如何なる國と雖とも孤立的存

在を有する能はずして他の國家的團體と共棲するものなりとの觀念に出づるものにして實に吾人は他の國家と共に國際的共同團體を組成し文明の目的を遂行するものなり、故に外務行政に於ては他國との交通を注視し他國に對して一國全體竝に國民一個人の權利と利益とを保護し其他獨立國家と共存するより生ずる政治上、經濟上、及び法律上の關係を助成するに在り。

二、軍事行政、陸軍海軍は內國に於て安寧を害し秩序を亂るを防禦する爲に必要なるのみならず外部よりする攻擊を打壞し及び國際法上他國に對する自衞權を行使すべき實力なり、國家なる共同團體が自存自立の爲めに必要なる實力なり、軍事行政は即ち軍隊及び艦隊の組織給養等を爲すを以て目的とす。

三、內務行政、內務行政は主として各個人の利益を增進し物質上精神上の幸福を企圖し少くも個人自身を以て達すること能はざる要件前提を供給するに在り、外務行政及び軍事行政等に於ては國家は第一位に自己を維持せんが爲に其國權を活動せしむと雖とも內務行政の場合に於ては主として各個人の安寧幸福の爲にす、國家は團體全部若は個人に對して危險なる自然の事故を防き又は人

類の行動より來る危害を壓し他方に於ては國民の物質上精神上の幸福を進めんとするものなり、略言すれば消極的に危害を防壓し積極的に福利を増進するの行動は內務行政の全範圍を奄有するものにして、即ち內務行政に於ては農商工の事業を進捗せしめんが爲に諸種の設備獎勵保護を爲し敎育の如き精神上の開拓指導を目的とする助長行政あり、又一方に於て安寧秩序を保持する爲めにする警察あり。

四、財務行政、國家は以上の如き目的を達する爲めには經濟上の財貨を要するや明瞭にして其外務行政軍事行、政、內務行政を爲す一として補助を之に借らざるはなし、此の如き財貨を收集し使用するは即ち財務行政の目的とする所にして國有地行政、租稅行政、關稅行政、國債行政の如き之に屬す。

行政には又國家行政、及び自治行政の二あり、國家の事務を國家自ら處理するものは國家行政にして國家の事務を自己の事務として他の公共團體をして處理せしむるものは自治行政なり、國家が其事務を凡て自ら處理するは必要なきのみならず却て弊害ある場合に釀生すること往々あり、例へば其事項が一地方又

は時定の社會的經濟的團體に對して重大なる關係を有する場合の如きに於て之を見る、主として此等の地方團體又は公益組合に關する事務に付ては國家は自ら進んで其局に當らんよりは退いて第二位に居之を監督するの賢なるに如かず、之れ却て適切なる行政を施し事功を擧ぐる所以なり、詳細は「グナイスト」氏の自治論に於て之を盡せり。

自治なる語は人によりて其意義を異にす、或は國家自ら自己の行政を爲すは自治なるが如きも慣習上之を自治とは稱せざるなり、又「ラバンド」は獨逸帝國の國權に對し各州の關係を以て自治なりとし各州を以て自治團體なりと謂へり然れども之れ通說に非ず、或は曰く自治とは本業的官吏に依りて爲さるゝ行政に非ずして名譽職か爲すか少くとも名譽職と官吏と共に爲す國家の行政なりと、然れども名譽職の如何に依りて自治行政を決し難き場合あり、故に自治とは國家の監督の下に國家の事務を自己の事務として爲す行政を謂ふとの定義を以て最可なりと信ず。

獨逸帝國に於ては種々の國家的目的の遂行を以て帝國及び各州に分賦す、故に

内務行政と警察

國家的行政事項を分て二とす、曰く帝國事務即ち帝國之か行政を爲すもの及び各州事務即ち帝國の權限之に及ばず各州自ら處理するもの之なり、帝國事務中には特別なる帝國行政官廳が處理するもの及び各州行政官廳をして之を爲さしむるものとの二あり、各州官廳が帝國の事務を爲す場合に於ては帝國の名に於て之を爲し帝國の監督に服す、各州事務に付ては各州は當該州の法規の下に自己の機關をして之を處理せしむるの權限を有すと雖とも帝國法規により各州行政に關し各州官廳に加へたる制限を脫することを得ざるや明なり。

曩に內務行政と警察とに付て說く所ありしが茲に之を再論すべし警察は行政法上特に注目するの價値あればなり、內務行政は之を分て警察及び助長行政となすことは前述せり、昔は警察なる語を以て內務行政の全部なりとし軍事、司法寺院に關する事項を之に對照せしめしが、其後國家の目的に關する觀念漸次發達を來し第十五世紀以來國家は單に法規を維持し安寧を確保するのみならず國民の幸福を增進せざるべからずとなすに至り茲に初めて警察の觀念興起せり。

警察の分類

警察は之を分て二となす保安警察行政警察之なり、保安警察は國家又は一個人に對する危害を防禦し行政警察は福利を増進するを以て目的となす、普國々法に於ては其明文上此二種類あるを探究し得へし、即ち安寧秩序を維持し公衆又は個人に對して生する危險を防衛するは警察の職なりと稱するは保安警察を意味し、又臣民に與ふるに能力發展及び幸福進捗の手段及び機會を以てするは國家の務なりとは正に行政警察を指示したるものなり、警察とは一私人の自由を制限して國家又は一私人の安寧幸福を威迫する危險を防衛する行動なり、單に一私人の自由を制限するを警察となすは非なり之れ只一の要素たるに過ぎず、必ずや安寧幸福に對する危險を防衛するを以て目的とせざるべからず、又警察は一私人に對する國家の行動なるが故に自然の變災に因り生ずることあるべき危害を防衛するに當り特定人の自由を制限することなくんば警察にあらず、即ち若し國家自ら危害物を除斥するか如き毫も私人に關係なきに於ては之を以て警察と稱することを得ず、行政警察と保安警察の區別に至りては或は幸福に對する危害と安寧に對する危害とに因りて之を明定することを得るか如

し と雖とも各個の場合に於て何れか安寧にして何れか幸福なりやを斷するは殆と不能なりと謂はざるべからず、抑內務行政に於ける危害は二個の方面より來る、特定の生活關係を威迫するもの及び一般に國家若は一個人の安寧を紊る行爲及び不作爲より生ずるもの之なり、特定の生活關係とは保險交通等を謂ひ之を威迫する危害を防衞するは即ち行政警察なり、一般の安寧とは公法私法の法規的秩序を意味す、即ち公私生活の健全なる發達を遂くべき第一要件は法規が紊亂せられざるに在るを以てなり、如斯一般的安寧を威迫する危害を防衞するは保安警寧なり、更に公法規の保護をなすものは之を高等保安警察と稱し私法規の保護をなすものは之を普通保安警察と謂ふ。

或は警察を區別して豫備警察及び鎭壓警察となす者あり、之の區別は佛國の法學者より出で主として犯罪を觀察したるものなり、即ち犯罪發生以前に於て其犯罪を防ぎ以後に於て所罰し得せしむるに在り、然りと雖とも如何なる警察と雖とも豫防及び鎭壓の意味を有せざるはなし之を以て特に一の區別とするを得ず。

行政行爲に付て述べんとす行政の行動は單に現行法の適用及び執行に限れるものにあらざるが故に行政を以て執行と稱し行政機關を以て執行權と稱するが如きは避けざるべからず、行政は具體的行動に因りて實際的生活に於ける國家の目的の遂行なり、其多數の場合に於ては法律の執行のみならず便宜を圖り公益を顧みて行動し其間只法の制限內を脫せず殊に法規を以て個人に與へられたる權利を侵害せざるを要するのみ、此の如く法規の下に於て行政の目的を達する國家の行動を稱して行政行爲と謂ふ故に其範圍甚廣しと謂はざるべからず。

第二節　公　權

法は吾人相互の外部關係を規定するものなり、吾人の外部關係は二あり、其一は國家の一員たることに關係なく經濟取引より又は親族生活より生ずるもの、他は國家又は公共團體より生ずる關係之なり、前者は之を稱して私法と謂ひ後者は之を稱して公法と謂ふ、私法關係上よりして生ずる權利は即ち私權にして公

法關係上よりして生ずる權利は即ち公權なり。

私法上の權利は之を分て人格權、物權、及び親族權と爲すを常とすと雖とも公權の分類に至りては種々の說あり、其最通例なるは參政權及び民權となすに在り、參政權とは間接若は直接に一國の立法及び行政に參與するを謂ふ、尙之を細別すれば左の如し。

一、立法議會に參與するの權、此權を行ふに至りたる原因は或は國民の選擧なるあり公共團體の一員たるに因るあり。

二、私法及び行政に參與するの權、此權を行ふに至りたる原因は或は行政團體の一員たるに因るあり或は公職に任命せられたるに因るあり。

三、立法議會、行政團體、國家、市町村の公權の選擧權及被選擧權。

民權とは一國の立法及び行政に參與するに非ずして國家又は其他の公共團體に屬するよりして生ずる公權を謂ふ。

一、自由權、法規に依りて認められたる各人の身體及び所有權の自由且不可侵なるを指稱す、之に屬するものは居住及移轉の自由、言論の自由、信仰の自由、營業の

自由、集會及結社の自由等なり、身體權及び所有權は固と民法上の權利にして國民たることに關係なく何人と雖とも之を侵すこと能はず、然りと雖とも國家が行政機關をして之を制限せしむるには或る條件を要することを規定する場合に於ては玆に私人は所有權又は身體權を國家より妄りに制限せられざるの權利を得るものにして此場合に於て初めて公權を生ずるものなることを注意せざるべからず、所謂根本權なるものは憲法に之を規定するもの多し、然れども各個の場合に於て根本權の內容及び限界を確定するは憲法の與り知る所に非ず特別法規の指示する所なり。

二、公法上の自由權、國民籍市町村籍の如き之に屬す、此場合に於ては單に事實の狀態を指示するのみに非ずして其一員たるの權利を謂ふものなり。

三、國民又は市町村民の公有物又は公共の設備の使用權、但國民たるよりして直に生ずる權利なるを要す。

四、特別權限に因り取得したる權利、例へば契約に因り特許により公有の道路水面を使用する權利の如し、此等の權利は往々內容として財產權を有することあ

るを以て其果して公權なりや否やを決定するは頗る難事に屬し各個の場合に於て其設備又は物權が公法の目的として取扱はるゝや否やを見て尋究せざるべからず。

公權及び公法上の義務と私權及び私法上の義務は其淵源たる法律が主として私法關係を規定するか又は公法關係を規定するかに依りて決定せらるゝものにあらず、公權及び私權は又其發源に因りて何等の影響を受くるものに非ず、例へば契約は時效に因りて發すと雖とも必ずしも私權たるに限らず等しく公權たるを得るものなり、又公權は私人に對し經濟上の利益を與ふるも毫も妨なきなり、例へば公有物の使用權の如き是なり、若は公權の內容が私人に與ふるに金錢上の價格を以てせざるも固より可なり。

或は公權と私權と異る所以を說明し公權は拋棄することを得ずとなすは誤れり、公權は私權と同じく其行使を拋棄することを得ざるのみならず權利自體を拋棄することを得只公權が同時に義務の性質を有するときは之を拋棄し得ざるは勿論なり。

公權の發生

公權の發生は一定の條件を充實するに因ることあり、一、臣民籍を有するを以て要件とするあり、即ち參政權に於て通例然りと爲すと雖とも國民權は外國人にも亦之を許與す、二、男性なることを要件とするあり、此場合に於ても國民權と參政權との間に差異あり、參政權は男子のみ之を有し例外として女子が有する場合に於ても其行使は男子をして之を代理せしむを要す、民權は之に異り男女に依りて差異あるものに非ず、三、一定の年齡に達するを以て要件とするあり、參政權は成年若は其以上に達するを以て取得の要件となすと雖とも民權に至りては年齡に關せざるを通例とす、民法に於て成年を確定するは既に發生したる權利の行使を完全に爲し得るや否やの能力を定むる標準を與ふるものなりと雖とも參政權の場合には一定の年齡を以て權利取得の要件となしたるものにして取得したる權利の行使能力を定むるものに非ず、四、其他市町村に住居することと信用を毀損せざること等を以て要件とするあり。

以上の要件は法が規定したる所にして吾人は直接に之に因りて公權を得、然れども法は往々公權を賦與するに間接の手段を用ゐ私人の請求を必要とするこ

とあり、市町村制に於て市町村民に公民權を賦與するは請求を必要とするが如し。

公權は又行政處分に因りて發生することあり。

公權は選擧に因りて發生することあり。

其他公權は契約に因りて發生することあり、或は國家と臣民との間には權力服從の關係存在し平等關係を前提とする契約の締結を生ずること能はずと論ずる者ありと雖ども國家も臣民に意思の自由を許し敢て强制を加ふることなきことを定めたる範圍に於ては臣民と契約を締結するは毫も不合理なることなし、官吏關係は契約に由りて生ずるが如き公法上契約の存すること往々あり。

公權の消滅する場合種々あり。

一、公權は法律命令に因りて消滅す、法律を變更して選擧權を奪ふが如き之なり。

二、權利者が消滅したるときは公權も亦消滅するを以て通例とす、即ち概ね專屬的の權利にして之を相續し得るは全く例外の場合に屬す。

三、公權は其人的又は物的要件の消滅に因りて消滅す、例へば土地の所有權が選

公權の消滅

擧權の要件なりし場合に於て土地を失ひたるときは物的要件の消滅に因りて選擧權を失ふ。

四、刑の宣告に因りて公權を剝奪することあり。

五、契約を以て公權を消滅せしむることあり。

六、公權は之を拋棄することを得、例へば國民權若は公民權を拋棄するが如し。

七、公權は又時効に因りて消滅す。

第三章　刑法

第一節　刑罰權の基本

刑法とは刑罰權の存在及行使を規定したる法規の總稱なり。

國家の有する刑罰權の基本に付ては古來諸說紛然たり、希臘の哲學者プラトーアリストテレスの如きも刑罰權に關する說を確立せんと試みたり、刑罰權の基本に付ては二說あり一を絕對主義(Absolute Theorie)となし他を相對主義(Relative Theorie)となす、前者は刑罰の目的は刑罰自身に存す刑罰は正理の要求に出づ、刑

罰の標準は犯罪にして刑罰の方法は反座なるを主張す、後者は刑罰の目的は刑罰以外に存するものなりと說き之の目的を達せんが爲めに刑罰を科すとなす、而して刑罰を科するの目的に付て又種々の異論を生し相對主義に於いても數說の分岐を見るに至れり、之を大別して三となす、曰く利益說曰く保安說曰く改良說之なり、利益說はホッブス、ベンザム等の唱ふる所にして刑罰を科するの目的は利益に在りと爲すものなり、保安說は其說く所多少の異ありと雖ども法律的秩序の安全を保維すといふに至りては皆一致する所なり、彼の所謂防衞說と稱するものも亦保安說に屬すといふことを得、防衞說に於ては犯罪を罰するは犯人は尙將來に於て再犯の虞あるものなれば此憂を除去せんが爲めなりとの說(Specialprävention)と、社會人類は犯人たらんとするの蓋然性あるを以て凡て此等の人の犯罪行爲を爲すを防衞するに在りとの說(Generalprävention)とあり、改良說に至りては犯人の罪惡心を改良して社會に害毒を流すこと勿らしめんとするに在りと唱ふ。

以上絕對主義相對主義の中間に在りて折衷主義(Gemischte Theorie)を唱道する者

法人の犯罪能力

ありと雖ども絶對及び相對の中間說は到底吾人の想像すべからざる所に屬し折衷主義は所謂相對主義の一種となすに非ざれば存在の餘地なしと謂はざるべからず。

以上の諸說ありと雖ども要するに犯罪處罰の理由は人類の利益を增進するに在りと謂ふの簡にして明なるに如かざるなり。

第二節　犯罪の主體及び客體

昔時に於ては犯罪の主體たることを得るものは獨り人類のみならず他の動物も犯罪行爲を爲すことを得るものにして第十七世紀の終に至るまで動物に對して刑罰を科せりき、然りと雖ども獨逸帝國現行法に於ては特別なる規定ある場合は之を除き苟も犯罪の主體たることを得るものは獨り人類たるに止り他の法人は犯罪の主體たることを得るものに非らず。(Societas delinquere non potest) 然りと雖ども法人は理論上犯罪の主體たることを得ざるや否やに付ては古來議論ある所なり、法人は自然人と異り行爲能力を有するものに非ざるが故に犯

罪主體たることを得すと論ずる消極説あり、退いて考ふるに法人と雖ども其目的の範圍內に於ては行動の自由を有し其機關に由りて行爲を爲すことを得べく機關が其權限內に於て爲したる行爲は即ち法人に對して直接に權利義務を及すを以て見れば法人と雖ども其行動の自由を有する範圍內に於ては犯罪の主體となり得と謂はざる可らず、又法人が犯罪の主體となり得とするも之を罰するの方法如何は自然人と同一の方法を以て刑罰を科することを得ざるに非ずやとの反論を爲す者あり、然りと雖とも一たひ刑罰の本義に想到すれは思半に過くるものあらん、刑罰とは犯罪者に對して科する法律上の利益の侵害なり(Liszt)、苟も法人か自己固有の法律上の利益を有するものとせは之を罰するの方法はその利益を侵害するに在り、解散可なり財產刑可なり、自然人には體刑を科することを得へく法人には能はさるを以て直に法人に對する刑罰なしと速斷するは非なり、又體刑に非されは刑罰に非すと謂ふことを得す、又刑罰は體刑と財產刑と併科し得るに非されは刑罰の目的を達し得すと云ふは非なり、要は唯法律上の利益を奪ふに在るのみ、法律上の利益に付ては以下犯罪の客體を說く

に當りて明瞭ならん。

犯罪の客體は法に依りて保護せられたる利益リストの所謂法益(Rechtsgut)なり、リストは論して曰く法の世に在る凡て人類の爲めにす法は人類の生活上の利益を保護せんか爲めに存在す、利益保護は法の本義にして此目的は即ち法を生する所の力なり、法益は皆生活上の利益なり個人の利益なるか若は共同團體の利益なり、然れとも法は利益を生するものに非すして利益を生するものは生活なり、生活上の利益を一變して法益と爲すものは即ち法なりと、以て法益を說明して餘蘊なしと謂ふへし。

第三節　行爲

大凡そ犯罪は之を吾人の腦裡に想像したるのみを以て成立するものに非す必や行爲あるを要す、是れ犯罪の一要素として行爲の何たるかに付說明の要ある所以なり。

行爲は有意のものたることを要す故にフランクも論せる如く直接に筋肉に對

する衝動に因りて起りたる動作は之を行爲と稱することを得す、衝動は或は外部より來ることあり例之他人か强制して余の手を捕へ拳銃を發せしむるか如し或は內部より起ることあり例之反射運動の如し。

行爲の意義

行爲とは有意に外界の變更を惹起し又は外界の變更を遮斷せさることを謂ふ。故に行爲のあるや必す外界に變更あり、外界の變更を稱して結果と謂ふ、犯罪は行爲を必要とす故に凡ての犯罪に結果あらさるはなし。

積極行爲及消極行爲

行爲に二樣あり、外界に變更を惹起すとは積極行爲を指し外界の變更を遮斷せすとは消極行爲を示す、犯罪は獨り積極行爲に因りて爲すことを得るのみならす消極行爲に因りても亦之を成立せしむることを得、然りと雖とも行爲の意義に消極行爲を包含せしめたるを以て消極行爲中に積極行爲あることを證明せんとするは轅を北にして越に行くか如きのみ。

積極行爲と因果律

積極行爲は外界の變更を惹起す、積極行爲と外界の變更との間には原因結果の關係(Kausalzusammenhang)あることを要す、如何なる場合に於て外界の變更を惹起したりと謂ふを得へきか積極行爲ありと稱することを得へきか原因ありと稱

することを得へきか、是れ吾人の判斷に一任せさるへからす吾人は或る物か外界變更を惹起したりと判斷して因果關係を求む、其判斷は何を標準と爲すへきか。

或は曰く原因とは必す結果を惹起すへき條件を指示すと、或は原因とは最後の條件なりと今日に於ては是等の說を唱ふる者なし。

「ビルクマイエル」は原因の意義及ひ因果律に於て論して曰く原因とは結果を惹起すに最有力なる條件なりと、然りと雖とも結果を惹起せる諸條件中其最有力なる條件と最微力なる條件とは如何にして之を區別することを得へきか。

「ビルクマイエル」と實質上同一なる說を唱ふる者を「ビンディング」となす、其法規論に曰く結果に適順なる狀態を起して結果に反對なる狀態を壓せしむへき條件なりと之を稱して平均說(Gleichgewichtstheorie)と謂ふ別に反駁するの要なし。

「フォンバール」に至りては過失と原因とを混同し原因を以て常規違反の條件なりと謂へり、原因を解釋するに常規違反と稱するの誤りや深く說かすして明也。

近世に於て原因と稱するものは若し之なくんは結果を惹起することなき體動

消極行爲

を謂ふ、結果を退くるに非すんは除去することを得さるもの之也、故に吾人の行動にして或る結果を招來するに唯一の條件にあらすして他に協力的條件ありとするも行動と結果との間に於ける因果律を否認することを得す、病床に臥し氣息奄々たる老人に微弱なる一擊を加へ以て死に至らしむるも殺人罪たることを免るゝを得す、又假令前揭の說の如く諸條件中有力微力のものを區別し得て吾人の行動か結果を招來するに甚微弱なりとするも之を以て原因に非すと謂ふを得す、原因は起動因たるを問はす中間因たるを問はす副因たるを問はす、故に結果を招來する凡ての條件は法律上皆同一の價値を有するものにして等しく原因たることを得と稱して可なり。

消極行爲とは外界の變更を遮斷せさるを謂ふこと前述の如し、消極行爲の場合に於ける意思の働は特別なる體動を執るものに非すして一般平常の狀態に異らす、吾人か刀を揮て殺人罪を犯すは特別なる體動を要すと雖とも飮食を屛居して餓死せしむるは別に一擧手一投足の勞なく平常の態度を以て足る、知るへし消極行爲に於ては平常の姿勢なることを。

消極行爲は凡て罪となるものに非す、行爲者か原因進行して結果を招來するを遮斷し得へきことを必要とす、裁判官が前後の事を推考して行爲者か能く其原因の進行を遮斷し得へかりしことを認むるに非れは消極行爲に對する責を負はしむることを得す。

消極行爲か罪を成立せしむるには行爲者に於て原因進行を遮斷し得しことのみを以て足れりとせす、尚之を遮斷するに付法律上義務ある場合ならさるへからす、法律上の義務なるか故に道德上義務ありし場合に於ては消極行爲を以て犯罪を構成することとなし、其遮斷に付法律か特に之を命したる場合に於ては法律上義務を有するは明瞭なり、扶養の義務の如き契約に因りて病者の監護義務を負擔したる看護婦の如き官吏の職務の如き皆法律上の義務に非さるはなし、之の義務に違反したる消極行爲は犯罪を構成すと謂ふの論に對し、或は反論するものあり、曰く法律上の義務に違反したりとせは其法律に依りて命せられたる制裁を受くへきのみ扶養の義務を缺きたる者監護を怠りたる看護婦は民法上契約違反の責を負ふへく職務を盡さゝる官吏は公法上の制裁に甘んせさる

べからず、何ぞ特に刑法の制裁あるの理あらんやと、然り此等の責務違反者は民法若は公法に違反すと雖とも同時に刑法に觸るゝ以上は犯罪を構成するに於て何等の妨かある。

消極行爲と因果律

前に積極行爲に於て體動と外界の變更との間に因果律あることを論せり、消極行爲に於ては因果律行はるべきか。

「ルーデン」は消極行爲は一方に於て何事をか爲しつゝあることを示す、換言すれは消極行爲は一方に於て積極行爲を包含す、此積極行爲こそ結果を惹起したるものなれと論し因果律あることを斷したり、然りと雖とも此の積極行爲は決して結果を惹起したるものに非さるは智者を俟て而して後知らさるなり「クルーグ」、「グラーゼル」は消極行爲自身に於ては結果に對する原因ありと認むることを得すと雖とも消極行爲以前に於て存在する積極行爲か原因を爲し因果律の行はるゝを見る、例之看護婦か必要の藥餌を與へすして病者を死に陷れし場合に於ては死に對する原因は藥餌を與へすといふ消極行爲に非すして看護契約を爲すの積極行爲に在り之の點に於て消積行爲には因果律ありと說く、然りと雖

とも此說に於ては行爲の當時に於ける責務を問はす遡りて行爲以前に存在せる擧動を捕へ以て行爲を論せんとす、其通說たるを得ざる知るへきのみ、以上の諸說は消極行爲以外別に積極行爲あり之を以て結果を惹起したる原因となし以て因果律あることを維持すと雖とも茲に消極行爲其れ自體を以て原因なりと唱道する者あり、「オルトマン」、「ビンディング」の如し、其說に曰く消極行爲を以て犯罪を成立せしめんとの決意は結果を惹起さんとするの障礙を破壞す故に無形上の因果律ありて行はると、或は又「コーレル」の如きは法律上の結果なる名稱を以て不作爲に原因結果の關係ありと論せり、「フランク」も亦因果律なる用語は自然法以外別に用ゐらるとなしたり、然りと雖ともフランクも既に論せるか如く消極行爲の場合に於ては決して自然法の所謂因果律あるものにあらす、狂者刀を振て他人を殺戮す傍に在る看護者は被害者の死を招かん爲め狂者を抑留せさりしとせは被害者死亡の原因は狂者の一刀に存し看護者と被害者との間に於ては因果律の關係あるものにあらす、看護者は被害者死亡の原因進行するに當りて之を遮斷せさりしの責あるのみ、何を苦んて自然に反せる因果律を云爲

するを用ゐん法律上の結果と謂ふか如きは察ろ窮せりと謂ふへし。然らは消極行爲の場合に於ては因果律なきに何か故に之を犯罪として罰するか、蓋し積極行爲の場合に於て結果に對する原因を爲して犯罪を成立せしむると消極行爲の場合に於て法律上の責務者か原因の進行を遮斷せす以て結果の到來に任せたるは法律上毫も軒輊する所なけれはなり、其法律上の價値全く相同しけれはなり。

第四節　故意及ひ過失

故意とは法定の犯罪構成要件又は加重要件を知るを謂ふ。

故意に付ては單に知るのみを以て足れりとせす其結果を希望する（Wollen des Erfolgs）を要すとなす主義（Willenstheorie）あり、然れとも此説は奇怪なる結果に導くを見る、其説く所に依れは結果の到來を慾望したる場合に非されは犯罪成立せすと稱すと雖とも之れ今日の通説に反す、例へは保險金を得んか爲めに家屋を燒棄したる場合に於て其家屋内に人あり燒死したりとせんに犯人は其死亡

を豫見したり只欲せさるを以て殺人罪に非すとの結論は頗る奇怪に非すや之をしも殺人罪とせすんは安寧秩序を如何せん、故に假令結果の到來を慾望せすと雖とも之を豫見せは犯罪を構成す(Vorstellungstheorie)とは今日の通論なり。

故意は擧動に付ての觀念あるを要す、自ら消極若は積極の行爲を爲しつゝあることを知らさるへからす、消極行爲なるときは原因の進行を遮斷せすして其儘に放任したるの極は結果の到來すへきことを知らさるへからす、積極行爲なるときは行爲か原因となりて結果を惹起すへきことを知らさるへからす、現在の狀態として體動と獨立して存在する事情を知るを要す、目的物の法律上重大なる性質の如き之なり、即ち人を人として之に一擊を加へたるに非すして馬として斃したる場合に於ては殺人罪成立せす、現在の狀態のみならす未來の狀態として結果の發生を知るを要す、若し犯罪か危險罪なるときは危險の認識あるへく實害罪なるときは實害の認識なかるへからす、實害の認識は危險の認識を包含すと雖とも其逆は眞ならす、不定の故意(Dolus eventualis)と危險の故意とは相關連すと雖とも其間一線を劃すへく彼に在りては實害の到來を認容すと雖とも

故意の區別

此に在りては然らす、故意は又獨り積極の要件を知るのみならす消極の要件を知るを肝要とす、有を有として觀念し併せて無を無として認識せさるへからす故に要するに故意とは犯罪構成又は加重要件の認識を謂ふ。

故意は其認識の狀態より區別して之を二となすことを得、即ち吾人か結果の到來を確實に認識したる場合及ひ確實に認識したるに非すと雖とも其到來を認容したる場合之なり、前者は確定の犯意(Dolus determinatus)と稱し後者は不確定の犯意 (Dolus indeterminatus) と稱す、不確定の犯意は更に之を分て二と爲す Dolus alternativus 及ひ Dolus eventualis 之なり、前者は多數の結果中何れか必す發すべきを豫見し Dolus eventualis にありては一の結果は其發生力確實なるも他の結果の發生に付ては蓋然性を有するに過ぎざるの認識を謂ふ、以上は只結果に付てのみ故意の分類を説明せりと雖とも故意は犯罪構成及ひ加重條件に關する認識なること前述の如くなるを以て獨り結果のみならず凡ての要件に付て確定不確定の認識即ち故意あること明なり、若し夫れ事情に付ての認識全く之なくして刑法上責ある場合は即ち不確定犯意の境域を超脱して過失の範圍に入りたる

ものにして不確定犯意は過失と確定犯意との中間に位するものなり。

次に過失を說明すべし

過失とは犯罪構成要件を知るべきに知らざるを謂ふ。

過失を定義して單に豫見すべき結果の豫見を欲くといふは未だ正當なるものに非ず、過失は獨り結果を豫見せざる場合に於て存在するのみならず他の犯罪構成要件を豫見せざりし場合に於ても亦存在す、一犯罪に於ける過失犯の數は其犯罪構成要件丈けあるべき道理なり、又假令結果を豫見すと雖ども他の犯罪構成要件を豫見せざれば過失ありと謂ふことを妨げず。

過失の場合には犯罪構成要件を知るべきことを必要とす、知るべきとは第一に行爲者は法規の命ずる所に依り又は日常生活の慣行に依りて知らざるべからざることを謂ふ、例へば警察法規其他の命令に依り又は一定の職業に從事する爲め知らざるへからざることを謂ふ、即ち行爲を爲すに當りて客觀的に吾人の拂ふべき注意の程度あり、過失の場合に於て行爲者は此注意を欲く、知るべきとは第二に行爲者個人の事情より見て前述の注意を爲すことを得る狀態に在る

を謂ふ、略言すれば行爲者は犯罪構成要件を豫見し得たるものならざるべからず、故に此場合に於ては行爲者は主觀的に果して注意を拂ふことを得べき狀態に在りしや否を決す、其標準は人に依りて異り甲は注意を拂ふことを得と雖ども乙は然らざることあり、加之同一人と雖ども冷靜なる狀態の場合と酒を被りて耳熱せる場合に依りて異る、要之知るべきとは二意義を包含す、一は客觀的に要求せられたる注意の程度にして一般的なり、一は主觀的に注意を拂ふことを得る精神的能力にして特別的なり、兩者相俟て過失を形成す、然るに過失の場合に於ける注意の程度を論じて客觀的たらざるべからずとするものと主觀的たるを要すとするものあり蓋し眞理は中間に在りと信ず。

過失は知るべくして知らざるを謂ふ。知らざるが故に犯罪構成要件に付て認識ある故意と異る、犯意の場合に於て或る結果が發生することあるやも知るべからず假令發生すと雖可なりと認容するは不確定の犯意なることを說明したりしが、過失の場合に於ても或る結果が多分發生せざるべしとの考を以て行爲することあり之れ不確定の犯意に對當するものなり。

凡ての犯罪は過失を以て之を犯すことを得べし、然りと雖ども現行法に於ては各過失犯に對して凡て刑罰を科することなし多くは明文を以て之を罰すべきことを規定す。

第五節　未遂犯既遂犯

未遂犯とは罪を犯さんとするの意思を以て實行行爲を行ふと雖ども其結果を生せざりしを謂ふ。

未遂犯に於ては罪を犯さんとするの決心なかるべからず、法律上犯罪となるべき擧動を爲すの意思なかるべからず、即ち未遂犯は犯意を要し犯意を有する犯罪のみ獨り未遂犯たるを得べく過失犯に於ては犯意なきを以て未遂犯たることなし、然りと雖ども犯意たる以上は假令不確定犯意と雖ども未遂犯を成立せしめ得是れ未遂犯に於ける主觀的狀態なり。

次に未遂犯に於ては實行行爲を行ふことを必要とす、實行行爲とは法律が犯罪構成の要件としたる各擧動を謂ふ、實行を終れば直に犯罪成立することあり、又

之を終ると雖ども犯罪終結せず行爲者は其餘を以て之を事物自然の進行に委することあり、然れども一般に實行行爲は或る時期を必要とす、實行行爲は又單一の擧動より成立せずして複數の擧動を連結して起ることあり、實行行爲は之を豫備行爲と區別せざるべからず、豫備行爲は犯罪構成の要件となしたる各擧動を謂ふに非ずして其以前に於ける一切の擧動を指す、故に犯罪に用ふべき道具を用意し其機會を探知し犯所に赴き又實行を容易ならしむべき行爲を爲すが如き之なり、更に進んで行爲者が豫備行爲なりと思惟したる擧動が直に結果を惹起したりとするも豫備行爲は實行行爲となるものにあらず、然りと雖ども擧動にして一たび犯罪構成要件に入らんか假令其要件の一部と雖ども實行行爲たり、例へば强盜を爲さんとするに方り物を占取するの前暴力を加ふれば既に豫備に非ずして實行の一部を成す。

最後に未遂犯は結果の到來せざりし場合を謂ふ、結果の到來せざるとは犯人の目的を達することを得ざりしを謂ふに非ず、專ら法定の結果を生じたりしか否かを見ざるべからず、一の行爲は假令犯人より見れば他の目的を達する手段た

るに過ぎざりし場合と雖ども法律が之を以て犯罪を成すものとしたるときは之れ即ち玆に所謂結果の到來したるものなり、結果の到來せざるに付て二樣の區別を見る、一は實行行爲を全部終結したる後に係るもの(實行未遂 Deendeter Versuch) 一は實行行爲を全部終結せざるもの(着手未遂 Nichtbeendeter Versuch) 之なり「リスト」は實行未遂に更に三種の異りたる場合を想像せり、甲は將來に於て其結果か發生するや否や疑はしき場合にして今例を殺人罪に取りて說かんに犯人の加へる一擊は生命に對して危險なりと雖ども其經過如何に就ては今より之を豫想し難きが如し、乙は將來に於て其結果の發生確實なる場合にして被害者は確かに致命傷を蒙れりと雖ども現時に於て尙生存せるが如し、丙は將來に於て結果の發生せざること確實なる場合にして加へたる負傷が極めて輕微なるを以て決して之が爲に死すことなきが如し、丙の場合は之を缺效犯と稱す。

不作爲犯に於ては缺效犯ありと雖ども着手未遂犯なし、蓋し此場合に於ては實行あるや必ず直に終結の域に達するものにして實行即ち終結を意味し其間の考を容るゝことなきを以てなり、不作爲犯のみならず實行行爲が一舉動を以て

既遂犯の意義

法定の犯罪構成要件を充實する場合に於ては凡て着手未遂犯なるものあることなし。

既遂犯とは罪を犯さんとするの意思を以て實行行爲を行ひ其結果を生じたりしを謂ふ。

既遂犯は犯意あることと未遂犯に同じ、然れども實行行爲を終結し且其結果を生じたる點に於て未遂犯と異る。

更に刑罰に付て一言せんに既遂犯は如何なる場合に於ても之を罰す、未遂犯は違警罪なれば之を罰せず、重罪なれば之を罰し輕罪なれば明文ある場合に限り之を罰す、然れども豫備は一般に之を罰せず、夫れ吾人の內部に於て包藏する犯意は一般世人の惡感を以て酬ゐらるゝことあるべきも未だ之に對して刑法上の制裁を科すべきに非ず蓋し證明の難に非ず社會上に害毒を流し秩序を亂ることなければなり、豫備と雖ども亦然り、然れども未遂に至りては若し一歩を誤れば結果を生ぜんの危惧を抱かしめ且犯人も亦危險なり、況んや既遂犯に於てをや是れ刑罰の惡報ある所以なり。

中止犯に付て聊論ずる所あるべし、中止犯とは犯人が犯意を以て既に其事を行ふと雖ども自己の意思を以て結果の發生を防止するを謂ふ。

中止犯に二あり一は着手中止犯と稱するものにして犯人が犯意を以て實行行爲に着手すと雖ども自己の意思を以て其實行を終結せざるを謂ふ、故に一たび終結したる實行行爲が其結果を生せざるを見て再び之を爲さゞる場合とは區別して考へざるべからず、此の場合は實行未遂犯あるべきも中止犯あらざるなり、其實行を終結せざるは自己の意思に依らざるべからず、實行行爲を終結すると否とは一に自己の意思に因りて之を支配することを得る場合に終結せざるに於て始めて自己の意思を以て實行行爲を止めたりと謂ふことを得べし、若し犯人の意思と無關係なる障礙ありて其實行の終結を妨害したるは中止犯にあらず、犯人が實行の終結を爲すことを得たるに拘はらず自ら退て之を爲すことを敢てせざりし場合に中止犯あるのみ、然れども苟も犯人自己の意思を以て實行の完結を抛擲したる以上は誠心悔悟の念に出でたると他日の再擧を俟つに出でたるとを問はず中止犯たるに於て妨げなし、又犯人が事實上の障礙來れり

と誤信し爲めに實行を終結せざるは中止犯にあらず、例へば跫音に驚き實行を繼續せざりしが而も之れ全く犯人の想像に出で風聲鶴唳なりし場合の如し中止犯を構成せずして未遂犯なり。

中止犯の他の一種類は實行中止犯と稱するものにして犯人が犯意を以て實行行爲を終結すと雖ども自己の意思を以て其結果の發生を防止するを謂ふ「リスト」の所謂既に回轉しつゝある因果關係の車輪に直接なる攻擊を加へて停止せしむるに在り、實行中止犯の有り得る期間は結果發生の蓋然性尙存在する場合に限る、故に結果發生せざること確定したるとき即ち所謂缺効犯に於ては既に因果の關係斷絕して犯人の意思を以て之を停止するの餘地なく實行中止犯なるものあることなきなり、更に進んで事實上結果の發生を妨止し得たることを必要とす、若し犯人が防止したるに拘はらず其結果發生したりとせんか中止犯にあらず未遂犯を以て問はざるべからず、尙結果の發生を防止するは犯人自己の力を以て之を爲したることを要す、若し犯人か自ら奔走して第三者を拉し來り之をして結果を防止せしめたりとするも猶犯人の自力を以てしたりと謂ふ

ことを得、例へば他人を毒殺せんとして一盞の毒藥を服せしめしが馳せて醫師を迎へ消毒藥を施さしめたるが如し、獨逸刑法第四十六條第二號に於ては實行中止犯の場合に自己の力に因り結果の發生を妨止するは其行爲が發覺せざる以前たるを必要とせり、換言すれば前の着手中止犯に述べたるが如く犯人自己の意思に出ることを要件としたるなり、發覺に付「リスト」は說明して只犯行が第三者の知る所となりしのみを以ては未だ發覺と稱すべからず、第三者が結果の防止又は告發を爲さんとする場合なるを要す、次に發覺の意義中には第三者が自身其行爲を目擊したるか又は推論の結果犯行あるに想到したるの要素を包容すといへり。

中止犯を無罪とするの理由如何、蓋し刑事政策上の問題に屬す、無罪といふ好餌を投じて惡を遂けざるを購はんとしたるなり、之を純理より論すれば犯人は實行の域に入りしもの假令中途自ら止みたりとするも事既に遲く顧みて其犯行を抹消せんとするは能はざる所なりと謂はざるべからず、然れども理論を株守し一步も假借する所なからんか、犯人は將に其害惡の盡頭極處に至らずんば止

まざらんとす、之れ即ち立法者が「リスト」の所謂黄金橋を架して其退却に資したる所以なり。

第四章　國際法

第一節　總論

國家の定義

本節に於ては國際法の主體に付主として之を說明すべし。

國際法の主體は國家及び交戰團體なり。

國際法上の國家とは一定の領域内に於て主權の下に服從する人民の集合體を謂ふ。

國家は一定の領域内に定住する人民の集合體なるが故に彼の水草を逐ふて移轉する遊牧人民の如きは國家を形成するものに非ず、又國際河川委員會の如きも「エングルハルト」等は之を稱して河川國と謂ふと雖ども其實國家に非ず、何となれば假令河川を以て領域と看做すも主權に服從すべき人民なきを如何せん、又羅馬法皇は一種特別の地位を享有し伊太利の臣民に非ず公使の授受權を行

使すと雖ども領土及び人民を有せざるを以て國家と稱すること能はず、其他一國の州及府縣郡の如きは主權を缺くを以て國家たることを得ず。其組織より觀察すれば國家は種々に之を區別することを得。

一、單一國。例へば日本、佛國、伊太利、西班牙の如し。

二、君主合同。君主が同一なるに拘はらず合同せざる各國家は國際法上各別の權利主體にして其國家間に於て又は外國に對して特別なる法律關係に立つ、即ち合同せざる各國家は各獨立を維持し些も妨げらるゝ所なし、君主合同は偶然に君主を共同にせるより生ず、例へば一千八百八十五年以來白耳義と公果國の如し。

三、物上合同。此場合に於ては君主合同が偶然に生ずるに反して君主の故意に因て生ず、合同せる國家は國際法上各別の權利主體に非ずして合同して一個の權利主體を形成す、然れども寧ろ合同に由りて生じたる一國に重きを置かず之れ聯合國家と異る所なり、或は合同せる各國に國際法上或種の行爲能力を與ふることなきに非ず、瑞典及那威國の如し。

四、國家聯合。 國家聯合は君主合同と酷肖す、國際法上聯合したる各國は各別の權利主體にして國家聯合は一の權利主體に非ず、各國は外國に對し自國の爲めに條約を締結し各國間に於ては從屬の關係あることとなし、然れども亦國家聯合にも國際法上或種の行爲能力を附與せらる、例へば一千八百十五年より一千八百六十六年に至る迄の獨逸聯邦の如き之に屬す。

五、聯合國家。 國際法上聯合國家は一の權利主體にして之を形成せる各國は直接に國際交通の主體たること能はず、然れども各國には國際法上或種の行爲能力を許與せらる瑞西及北米合衆國の如き之に屬す。

次に主權より觀察すれば國家は之を主權國及半主權國に分つことを得、主權國とは完全の主權を享有するを稱し半主權國は之に反し外部關係に付他國の保護權の下に服從するを稱す、但一定の範圍內に於ては外國に對し自ら義務を負擔するの能力を有す、換言すれば主權國と半主權國との區別は主權享有の完全なると否とに基くものにして行使能力に關するものに非ず、主權國の例は之を說くの要なし、半主權國は埃及「ブルガリヤ」の土耳其に「カムボヂヤ」王國及「チュニス」

の佛國に從屬するが如き之なり。

國家の承認

國家は主權人民及領土の三要素を具備するときは成立す、國家の成立するや種種の方法に依る或は從來無主の地に殖民を爲すに由るあり、或は國境の一部が分離して獨立するあり、或は數國家が獨立を失して一國を爲すあり、斯くの如くにして新に一國が成立したるときは建國の事實、外部に對し獨立せる主權存在せること、及び國際交通を爲すの意思あること等は既に存立せる他の國家の承認に因りて確定するものなり、換言すれば一國の成立には他國の承認を要せずと雖ども國家團體に於ける法律上の一員たるには他國の承認なかるべからず、然れども國際法上一員たる資格を具備するや否やに就ては往々疑議の存する所にして一國の領土より分離して獨立せる叛徒あるに方り被害國は割取せられたる領土を得んが爲めに猶努力し新國家の承認を與ふるに躊躇するも第三國は被害國家の承認を俟たず自ら自由なる判斷を以て資格の具備を審査し之を承認することを得、然れども被害國家が承認を與へたるときは第三國は之に由りて承認を與ふることを得べし、承認の形式は明示及び默示の二あり、明示と

は例へば列國會議に於て宣言するが如し、一千八百七十八年伯林列國會議に於て「モンテネグロ」、「セルビエン」、「ルーメニエン」を承認し一千八百八十五年伯林列國會議に於て公果國を承認したる例あり、默示の承認とは第三國が條約を締結し公使を授受するが如き國際法上に於ける國家に非ざれば爲すこと能はざるが如き行爲を敢てする場合に生ず、然れども臣民が互に商業上の交通を爲すを默認するが如きは之を以て國家の承認を與へたるものと稱すること能はず。

國境には自然的及人爲約の區別あり、自然的國境とは山脈及び河川の如き之に屬す、山脈は分水嶺を以て河川は其最も深き部分を以て境界線となす、蓋し河川の國家に利益を與ふるは其航行し得るに在るを以て最深部分を境界となすは二國に與ふるに均等の利益を以てする所以なればなり、人爲的國境とは領海を定めたるが如き之に屬す、領海の範圍に付て國際法協會は曾て六海哩たることを決定せしが實行せられずして止み今日に於ては干潮の時海岸より測定して、三海哩に及ぶべきことは學者の一致する所なり、一國が領海を有する所以は一國の主權を完全に行使せんとせば海上をも支配するの必要あるよりして生ず、

領土取得の方法

公海に付ては古代及び中世に於ては其一部を以て自己の所有權に屬することを主張し他國の侵入を拒絶したる沿岸國ありと雖ども第十七世紀以來漸次反對の見解行はるゝに至れり、即ち一千六百九年「フーゴー、グロチュース」は海洋は主權の目的たることを得ず空氣の如く自由たるを要すと論じたるに英國は反對を唱へ時の英王「チャールス」第一世は「グ」氏の處罰を和蘭政府に要求し一方に於て「セルドン」に命じ海洋閉鎖論を著はさしめたり、當時各國は英國の主張を以て正當なりとし且實際に於ても海上に主權を行使したりしが其後漸く「グ」氏の說信奉せらるゝに至り今日に於ては海洋自由論を以て原則となせり、故に何れの國民と雖ども海洋を共同に使用するの權利を有し一部を劃して一國民に專屬せしむることを得ず。(Mare liberum!)

領土獲得の方法には原始取得及び傳來取得あり、原始取得とは何れの主國にも屬せざる土地を取得するを謂ふ、原始取得中特に論ずべきものは先占なり、先占とは何れの主國にも屬せざる土地を取得する行爲にして其要件は次の如し、

一、領土の何れの國家にも屬せざること。之に反して無人の地なることは要件

にあらず、住民ありと雖ども其土地にして何れの國家にも屬せざるものなるときは可なり。

二、占有の行爲。占有行爲は通例國旗を揭揚し界標を設立するが如き行爲に因りて之を爲す。

三、占有の行爲は豫め國家より正當の權限を與へられたる者若は後に至りて國家が承認を與へたる者之を爲すこと。先占の委任を與ふる法律上の權限は何人か之を有するやの問題は各國の憲法に於て決定する所なり。

四、外國に向て之を公布すること。

傳來の取得とは或る國家の主權に屬したる土地を取得するを謂ふ、國家領土の割讓に付近世の法律は一般に之を困難ならしむるを常とすと雖ども國步艱難の場合に於ては之を禁ずる國家あることなし、領土の讓渡は債權の讓渡と同じく種々の原因あり交換、賣買、贈與、平和條約の締結の如き之なり、故に傳來の取得に於ては意思の合致を必要とす、即ち讓渡國は之を讓渡するの意思を有し讓受國は之を讓受くるの意思を有することを要す、若し之に反し一國が土地を取得

するの意思あるも從來其土地を有する國家が之を讓渡する意思なき場合は即ち掠奪にして之を以て讓渡と稱すること能はず。

國際法の主體の一は交戰團體なり、一國の內亂久しきに亘り叛徒が事實上領土の一部を橫領し他の國家と規則正しき交通を爲すことを得る場合に於ては第三國又は本國は之に對して交戰團體(Partie belligérante)の承認を與ふることを得承認は之を與へたる國家を羈束し中立の義務を發生せしむと雖ども爾餘の國家は之が爲めに何等の拘束を受くるものに非ず、然れども承認せられたる交戰團體は自ら國際法の條規に從ふの義務を負ふに至る。

第二節　平和關係

先づ國際法の機關に付て說明すべし。

國家の元首は其國憲法の規定する所に依りて國際法上最高の代表權を有する者なり、元首は主權を有する一國の代表者なるを以て他國の權力に服從するものにあらず即ち元首は治外法權を享有する者なり、マルテンス曰く專制君主國

に於ける元首即ち君主は治外法權を享有すと雖ども共和國の大統領即ち元首は之を享有するものに非ず共和國に於ては人民が國家の主權を享有するが故に人民より選出せられたる大統領は國家直接の機關に非るを以てなりと、之れ蓋し通說に非ず、治外法權の內容は種々あり一身上の不可侵權、外國の裁判權及び法規に服從せざるの權住居の不可侵權、租稅の免除權等之なり。

公使とは本國と外國との國際上の關係に付き本國を代表する機關なり、公使を授受するの權利義務は國家主權より當然流出するものなり、故に主權國が之を爲すを原則とし一部主權國の如きは外交上其保護國が之を代表すべきものたることは言を俟たず、君主合同に於ては同一の君主が甲乙二國の國家の爲めに各別に公使を授受することを得物上合同は合同の一國、國家聯合に於ては其各國、聯合國家に於ては聯合せる一國が公使の授受權を有するを原則とす、羅馬法王は現今猶佛、墺、葡等に公使を送り又受けつゝあるも之を以て國家の公使と同性質を有するものなりと稱することを得ず、何となれば羅馬法皇は國際法上一國と看做すべきものに非ざることは前述の如くなるを以て一國の代表者たる

公使を授受すること能はざるを以てなり、國家は派遣せられたる公使を絕對的に受けざるべからざるの義務なく之を拒絕することを得る場合あり、公使の階級は一千八百十五年維納會議に於ては三となし一千八百十八年十一月二十一日「アーヘン」の列國會議以來四階級と爲すに至れり、一、特命全權大使にして單に其本國の政治的代表者たるのみならず其本國君主の一身を代表するものとす、故に特權の如きも他の公使より一層廣し、二、特命全權公使は只單に本國を代表するものにして特命全權大使と異り君主の一身を代表する者に非ず、三、辨理公使は略特命全權公使と同一なるものにして一千八百十八年加へられたる一階級なり、四、代理公使は公使の駐在なき國に派遣す、特命全權大使特命全權公使辨理公使は元首より元首に對して派遣する者なりと雖ども代理公使は外務大臣より外務大臣に對して派遣する者なり、一國に駐劄する列國公使は外交團(Diplomatische Corps)と稱する一團を形成し外交團長(Doyen)を以て首長とす、外交團長となるべき者は四階級の公使中最高級の者を推し同階級の間に在りては最も古く信任狀を捧呈したる者之に當る、公使の特權は一、身體の不可侵權なり、不可侵

権は駐在國に於て特別の保護を與へ公使に對して侮辱を加ふる者あるときは嚴刑を科するが如き之に屬す、然れども公使にして此權利を受くるを得ざる行爲を爲したるときは之を拋棄したるものと看做すことを得、二、裁判除斥權、刑事に付ては滯在國の刑罰權を免れ滯在國の主權には服從する者に非ずと雖ども其本國に於て刑罰を科し又は之を執行するは些も妨ぐる所に非ず、民事に付ても亦本國裁判所に訴ふることを要す、駐在國に存在する不動産に關する訴訟に付ては駐在國が裁判權を有するものとす、三、免税權、公使自身に對する直接税は之を免除す然れども地税營業税間接税の如きは之を納めざるべからず、只國際禮讓として此等の外猶種々の特權を有せしむる場合なきにあらず例へば公使館の地税の如きは之を納めざるを通例とするが如し、四、信敎の自由權、五、裁判權公使は其公使館員に對して民事上の事件に付裁判權を有す、但刑事上の事件に至りては然らざるや勿論なり、而して公使の有する裁判權は其駐在國の附したる制限の範圍內に於てすべきものたること亦明なり、六、住所の不可侵權、但し公使が此特權を有するを以て公使館は其本國の領地と看做さるゝものに非ず、故

に公使館に犯罪ありたるときは駐在國に於て發生したるものにして本國の裁判權に服すべきものに非ざるなり、公使の有する特權は獨り公使一身に止まらずして公使と共に居住する其家族公使館員及其家族並に駐在國の臣民に非さる其奴僕等に及ぶものとす、次に公使の職務終了の場合は種々あり、公使か死亡したる場合に於ては論を要せず、公使か解任せられたる場合、職務の執行を終了じたる場合、本國より召還せらるゝか又は駐在國か送還したる場合に於ても亦然り、本國と駐在國との間に戰爭か開始せられたるときは、兩國の間に平和關係を維持するを以て目的となす公使は最早其要なきに至れるを以て職務終了したりと謂はさるへからず。

領事は經濟的機關なり、公使か本國又は本國君主の政治的機關なるに反して領事は駐在國に於て本國の經濟上殊に商業の利益を圖るを以て目的とする機關なり、此根本的の性質よりして兩者の間には種々の差異を來すは自然の勢なり即ち公使は本國と駐在國との外交關係を圓滿ならしめ互に親交を加ふるを以て最大目的となすも領事は主として商業上の利益を得んか爲めに力め通商條

約履行の狀態等を視察するを以て眼目となす、公使は一國に一人を派遣するも領事に至りては數人を置くも敢て妨くる所に非す、今領事の職務を掲くれは本國の經濟上の利益を保護し本國と駐在國との通商條約の履行を監視し本國臣民の駐在國に在る者の利益を保護し其他行政上裁判上の行動を爲す、行政上の行動とは自國人に旅行劵を附與し駐在國に來りたる自國商船を監督し本國軍艦を補助し船員間の爭又は船員の犯罪に付假に判決を下すことを得るか如きを謂ふ、其裁判上の行動とは公證を爲し婚姻出產死亡の場合に證書を作成し遺產の保管を爲すか如き之に屬す、領事は國法上之を四階級に分つ、一、總領事、二、副領事、三、領事、四、領事代理之なり、總領事は其管轄區域廣大なりと雖とも副領事領事は之に比して權限狹く領事代理に至りてては領事不在の場合に之か代理を爲すものとす領事の特權に付ては國際法上當然之を享有するものに非す、之れ公使と異なる所なり、即ち領事は特權を享有せさるを以て國際法上の原則とす、然れとも或は一國の國法を以て若は條約を以て、之に特權を與ふるを常とす、領事の特權の重なるものは、免稅權、領事の記錄官文書の不可侵權並に住居及ひ一

所謂國家の根本權

身上の不可侵權等なり、領事の職務終了する場合は領事の死亡したるとき、駐在國か領事に與へたる認可狀を取消したるとき、解任せられたるとき及ひ本國と駐在國との間に開戰ありたるとき等なり。

國家か有する權利義務は國際法上國家たるよりして當然之を有する場合あり吾人は敢て天賦人權說を主張する者に非すと雖とも即ち國家の根本權なる文字の適不適は姑く之を論せすとするも獨立國家にして既に國際團體に加入したる以上は必すや此事實のみを以て國家に對し一種の權利義務發生するものなる事を疑はす、故に若し此等の權利義務を毀損する者あらば之れ當該國家に對する不正の侵害なるのみならす施て國際共同體團の原則に對する犯罪なりと謂はさるへからす、此の如き權利は即ち自衛權、獨立權、交通權、尊榮權之なり、一自衛權、一國が自衛權を有することは別に說明の要なく凡そ一國として宇內に存在する以上は因より當然のことなり、故に一國に對し侵害を爲したる外國人あるときは之を放逐し又は戰備を修め自國を併呑せんとする外國を征討するか如き自衛權の作用にして彼の干涉も自衛權の作用に出てたるときに限り之

を以て正當なりと謂ふことを得へし、二、獨立權、換言すれは國際法上主權の不羈獨立は人格の要件にして之を保護するは即ち自衞權の一作用に過ぎず然りと雖とも一國の獨立權は共同國際團體生活の必要より幾分の制限を加ふることを要するは明なり、獨立權當然の結果として各國は其國內に於ては自由に立法し司法し行政するの權を有す、自國の臣民に對する行爲に付外國に對して責任を負ふの政府あるを聞かす內國の事件に付て錯誤過失ありし場合に外國に對して責任ある國民を見す、只人道に反する行爲を爲したる場合に於ては外國は之に對して勸告することを得へし、一國か外國と條約を締結するか如き自由行動の範圍に屬する所以も亦此獨立權よりして解決することを得、三、交通權は列國團體を形成し互に他國の存立を承認するよりして生す、此權は無制限にして且無條件なり、然りと雖とも一國は他國に對して通商交通を强制するの權利を有せす、各國は各獨立權を享有するを以て他國の强制に服すべきものに非ざればなり、故に一國は自由なる立法を以て或種の商業を除外することを得、然りと雖原則として商業交通を全然拒絶するは蓋し國際法の本旨に反すと謂はざる

べからず、四尊榮權一國か他國に對して尊敬を請求する權利にして若し他國か之に違反するときは國際法上の不法行爲を構成するもの之なり。

以上の權利は國家か國家たるよりして生ずる當然の結果に基くものたること は前述の如くなるか國家の權利義務は尙此以外に國家の行爲よりして生ずる ものあり一は條約にして他は不法行爲なり今之に付說く所あるへし。

條約とは二個以上の國家間に或る事項に付權利及ひ義務を發生せしむるか爲 め定めたる意思の合致を謂ふ、條約か當事國家を拘束するの理由如何に付ては 議論未た一致する所なし、余は條約の拘束力は國家の自制限に基くものなるこ とを信す、即ち國際間に於ては私、法上の契約に於けるか如く之に制裁を加ふへ き主權なきか故に主權に服從するが爲めなりとの理由を以て解說することを能 はずと雖とも國家か國際團體に加入したる以上は自制限を加へて條約の條項 に服從すべきことを宣明したるものなりと謂はざるべからず、尙條約と法律と の關係に付ては諸說紛然たりと雖ども余は條約は國際間の關係にして法律は 一國內の關係たることを知らば容易に解決すべきことなることを知る、條約は

條約として當然其國內に對し効力を有するものにあらず國內に効力を生せしめんとせば法律命令を以て之を公布するの必要あるや勿論なり、故に條約と法律とは其適用の區域を異にするものにして兩者の間に牴觸あるべき道理なく之か關係は單純なり法律に違反せる條約は無効なりと斷ずることを得るは固よりなり。

條約の締結は主權の結果なるを以て主權國は如何なる種類の條約をも締結することを得と雖ども、半主權國は其主權を有する部分に付ては條約を締結することを得其他の部分に付ては能はざるなり、即ち半主權國は政治上の條約は之を締結すること能はずと雖ども通商條約の如きは之を締結するを得るを通例とす、又歐洲以外の諸國に於ける種族の酋長と約束を爲すか如きは之を稱して條約と謂ふこと能はず蓋し酋長は一國を形成せる主權を代表する者に非さればなり。

民法債權篇に於て契約の成立には個人の自由意思に基く合意あるを要するの規定は之を移して條約に適用することを得、然れども只自由意思に付て條約の

場合に於ては契約と異る點あり、即ち强迫は私法に於ては無効又は瑕疵あるものとして取消すべきものとなすも條約に於ては有効なり、但條約締結に方りて代表者の一身に加へたる强迫は其條約を無効に歸せしむるは定説なり、然らば國家自身に加へたる强迫は何故に條約を有効ならしむるやに至りては諸説あり、或は曰く國家は强迫に因りて意思の自由を缺くものにあらすして選擇の自由を有すと、然れども强迫を以て意思の自由を妨害せすとの議論は到底不通たるを免れす、余は寧ろ「ホール」の説に左袒し國際法は既に戰爭なる兵力を用うることを認容するを以て强迫は適法のことにして條約の効力を左右すべきものに非ずと謂はんと欲す、條約は又合意を要するか故に若し當事國家間に錯誤ありたるときは條約は無効なり。

條約を締結するに方りては代表者は正當の權限を有する者ならざるべからず當事者は互に委任狀を交換して之か權限の調査を爲し適當の權限を帶せずんば談判を拒絶することを得。

契約にして公の秩序又は善良の風俗に反するものなるときは之が効力を生せ

不法行爲

ざると同じく條約も亦適法の目的を有するものならざるべからず例へば奴隷賣買を目約となす條的の如きは無効なり。

條約は批准に依りて成立す、批准とは代表者の定めたる條約案に對し承認を與ふる行爲なり、條約締結權を有する者は即ち批准權を有す、何人が批准權を有するかは國法上の問題に屬し我國に於ては天皇は條約を締結するを以て批准權を有すと謂はざるべからず、契約は代理人の締結したる瞬間に於て直に其本人に對して効力を生ずと雖ども條約は別に批准を要するの理由は、其關する所一國の消長に在るを以て之を代表者の專斷に委し直に國家を拘束するものとなすは頗る輕躁の嫌なきにあらず、一歩を誤れば一國を死地に投ずるや知るべからず故に條約の場合に於ては特に其手續を鄭重にし代表者の合意以外別に批准を必要とせし所以なり、若し批准は單に一の形式に止まり之なしと雖ども條約は有効に成立す代表者の合意は條約成立の時期なりといふに至りては論外なりと謂はざるべからず。

國際法上國家に權利義務を發生せしむる一因として不法行爲あり、不法行爲と

は一國か他國の權利を侵害するを謂ふ故に國際法上不法行爲の主體たる者は獨り國家のみ主權國は完全に不法行爲能力を有すと雖とも半主權國は其主權の範圍内に於て不法行爲能力を有す不法行爲の被害者は國家なり即ち直接に又は間接に一國の權利を侵害す然れとも一國か爲したる行爲なりとて不法の要素を缺くときは固より不法行爲に非す即ち其行爲か一般法規若は特別の條約に基きて一國の有する權限の行使に過ぎざるものなるときは之を稱して不法行爲と謂ふこと能はず。

第三節　戰爭關係

國家の主張を實行するに方り平和の方法を以て解決すること能はさる場合に於ては戰爭に訴へざるべからず戰爭は最後の方法(Ultima Ratio)なり今日國際法も亦戰爭を承認し之を以て最後最極端の方便とせり彼の平和論なるものありて戰爭の害惡を列擧し戰敗國戰勝國に對し共に著しき害惡を蒙らしむべきことを論し切に永久的平和を希望すと雖とも之れ一の空想たるに止り今日に於

ては到底實行せられざる所なり、抑國際關係は平和關係及戰爭關係の二に過ぎず即ち戰爭關係とは平和關係より急轉したる一狀態に外ならず。

戰爭とは二個以上の國家間又は國家と交戰團體との間に於て平和の手段を以て解決することを得ざる權利主張の爲めにする兵力の爭鬪なり、故に戰爭の主體は國家又は交戰團體たることを要す、若し一私人か茲に干戈を執りて外國に敵對行爲を爲したるときは國際法上戰爭に非すして國法上刑法の範圍に屬する問題なり、一國內に於て一州と一州と爭鬪することあるも戰爭に非す、然れとも君主合同に於ては其各國は互に戰爭に從事することを得るは勿論なり、被保護國か保護國に對する戰爭は內亂と見るへきものなりや否やに付ては大に議論の存する所にして「リスト」の如きは積極說を採り他の國家に對して中立の義務を生するものに非さることを主張せり。

戰爭には種々の區別あり、一、攻擊戰爭及ひ防禦戰爭、此區別の實用は同盟條約の場合に必要あり即ち同盟には攻擊同盟防禦同盟あるを以てなり、又獨逸帝國憲法第十一條第二項に於ては帝國の名に於て宣戰を布告するには聯邦議會の協

賛を要すと雖とも各州の境域又は沿岸に對する進撃ありたるときは此限に在らさることを規定せり、此の場合に於ても攻擊戰爭の何たるを知るに非されは解決を與ふること能はす、二正戰及ひ不正戰とは戰因の正當なるものを稱し不正戰は之に反す、三海戰及ひ陸戰、此區別は私所有權に付重要なり海戰に於ては今日未だ私所有權を尊重するに至らず陸戰に比して進步遲々たりと謂はざるべからず。

交戰地は交戰者が戰爭行爲を爲すことを得る地にして交戰國の領土即ち水陸並びに公海とす、中立國は交戰地に非ず中立國内に於ける戰爭は中立違反の行爲なりと謂はざるべからず、半主權國は其保護國が戰爭を開始したるときは之に由りて當然交戰區劃に編入せらる故に若し土耳其國が宣戰の布告を爲したる場合に於ては㛃及は直に交戰地たることを解するを得べし然れども茲に例外として說明すべきは中立地と稱するものなり、中立地とは交戰國が一切の戰爭行爲を爲すこと能はざる地を謂ひ陸上又は水面に存す國際河川例へば「ドナウ」河「コンゴー」河「ユーゲル」河の如き之に屬す。

戰爭行爲を爲す者は交戰者なり、交戰者は陸戰に於ては陸兵にして海戰に於ては軍艦之なり、陸兵とは正當なる司令官の下にある將卒を以て組織せられたる軍隊を謂ふ、現役豫備後備及び國民軍の之に屬することは勿論にして傭兵と雖とも苟も正當の司令官の下に在りて一定の制服を着し一般の規律に從ふ以上は之を以て正式兵と看做す、其他義勇兵の如きは所謂補助兵として正式兵以外に交戰者たる者なり、義勇兵は秩序整はす風紀修らず且殘忍の行爲を爲すの虞あるを以て理論上希望すべからさるは勿論なりと雖とも小國に於ては平時多數の軍隊を養ふの實力なきを以て一朝事あるに方り義勇兵を募るの必要あり終に今日に於ても或る條件の爲めに之を認むるの止むを得ざるを致せり、軍艦とは戰鬪に堪ゆる武裝を有する船舶を謂ふ、故に商船は軍艦旗を掲ぐるも直に之が爲めに軍艦と爲るものに非ず。

戰爭開始時期に付ては、國際法上議論の存する所なり、或は曰く戰爭は宣戰の布告に依りて始まると、此說は今日に於ては之を唱ふるの僻なること一般に承認する所なり、即ち宣戰の布告は必ずしも戰爭狀態の招來に必要ならず宣戰の布

告なしと雖とも實際に於て戰鬪行爲ありたる時を以て戰爭の開始時期と看做さざるべからず、然らば實戰ありたる場合に宣戰の布告を爲すの必要如何只自國臣民に對して戒むる所あらしめ、且外國に對して理義の公明なることを聲言するに止まるのみ、或は最後の通牒を以て戰爭の開始時期なりと爲す者ありと雖とも通說に非るか如し、余は宣戰布告若は實戰の有りたる時を以て戰爭の開始時期なりと謂はんと欲す、實戰とは何ぞや交戰國の一方が攻擊の態度を取りたるのみを以て實戰と稱すること能はず、必ずや相手方が之に對して防禦を試み茲に爭鬪を開始したる場合ならざるべからず。

次に戰爭の終結は事實上交戰國双方が戰爭を絕止することあり例へば一千八百六十六年普魯西と「リヒテンスタイン」との戰爭の如き之なり、此の方法に因る戰爭の終結は時期甚だ曖昧なるを以て諸種の弊害ありと謂はざるべからず、次に交戰國の一方が其相手方を全く併呑したるときは、戰爭終結するは論なし、此場合に於ては別に條約を締結して和を媾するに非ず、換言すれば已に對手國は滅亡して國家なきを以て國家間の權利關係を定むる條約を締結すること能は

ざるなり、最後に戰爭終結の一大原因たるものは媾和條約なり、媾和條約の効果は第一に戰爭を終結せしめ、同一の原因に付ては將來再び戰爭を起すを得ず、戰爭の爲めに効力なきに至りたる條約は復活し平和狀態を現出す、且つ之が爲めに生じたる中立國の權利義務を消滅せしむ、加之媾和條約の內容として往々土地の割讓を約し或は償金を支拂ふべきことを定め又戰爭中戰爭に關して爲したる犯罪は之を赦免す、

平和條約締結以後に於て戰爭行爲を爲したるときは、行爲者條約を知らざるに起因すと雖とも之に籍口して一國は其責を免ることを得ず、船舶を捕獲したる場合には直に之を解散し、占領を行ひたるときは之を拋棄せざるべからず。

茲に注意すべきは媾和條約と休戰條約とを混同すべからざること之なり、休戰條約は戰爭を休止するに付時の上に制限あり、即ち一時の約たるを要するに反して、媾和條約は永久戰爭を絕止するものなり、故に休戰條約を締結したりと雖とも未だ戰爭狀態に在るものにして、媾和條約が平和關係を喚起すものとは異れり、又休戰條約は戰因に付て何等の事をも決定するものに非ずと雖とも、媾和

條約は之が決定を與ふるを以て最主たる眼目と爲すものなり。開戰の効果は、交戰國に及ぼすもの、第三國に及ぼすもの及び交戰國の個人に及ぼすものゝ三に分ちて之を論ずべし。

一、交戰國は戰時國際法の條規に從ひ、海に陸に十分に能ふ限り戰爭行爲を爲すことを得、兩國間に於ける條約に及ぼす効果は一樣に論ずることを得ず條約の種類に依りて差異あり、平和關係を前提として規定したる條約、修好條約の如きは戰爭に因りて消滅し、豫め戰爭の爲めに備へんことを期待したる條約例へば陸戰の法規慣例に關する條約の如きは、戰爭に因りて初めて活動するものなり、又事物の性質上永久の効力を有すべきものとせる條約は、戰爭の爲めに影響を蒙ることなし例へば國境條約の如き之に屬す、其他通商航海條約郵便電信條約等は戰爭に因りて消滅するものなりや、將た一時其効力を停止せられたるものなりやに付ては議論一致せず、故に媾和條約締結の際之等の條約は更に其効力を繼續すべきことを副約するを以て最適當の處置なりとす、次に交戰國の一方が相手方に對して有する債權は、相手方は之を沒收することを得、物權に付て

は交戰國の一方に在る動產は、公有と私有とを問はず之を沒收することを得。

二、第三國に及ぼす効果、交戰國と特別の關係を有せざる第三國は、戰爭に因りて局外中立の關係に立ち、中立國の權利義務を生ずるに至る、中立に付ては後節に於て論ずることゝし茲には只疑議の發生することあるべき諸問題を解決するに止めん。

同盟國には攻守同盟あり、攻擊同盟あり、防禦同盟あり、之等は各其規定の內容に依りて開戰の効果を定めざるべからず、又半主權國の如きも條約又は慣行に由りて其去就を決し例へば安南の如きは佛國が他國と交戰の地位に立つ場合に於ては、同じく戰爭狀態に入ると雖とも「ブルガリエン」と土耳其とは戰爭に付ては全く無關係なり、其他物上合同は、合同を形成する一國が戰爭を惹起せば他國も戰爭の地位に立つ、之に反して君主合同中の一國が戰爭を爲すも之が爲めに他國は何等の影響を受けず。

三、交戰國の個人に及ぼす効果、內國に在る敵國の普通人は之に對して身體の保護を與ふべきことを原則とすと雖とも若し自國に危害を及ぼすの虞あると

きは一國主權の當然の働として國外に放逐することを得、軍人の內國に在る者は之を抑留することを得、財產に付ては一般に之を尊重するを以て原則とし、船舶に對して例外の存するあるのみ即ち海戰に於て商船捕獲の行はるゝことなり。

第四節　中立關係

中立は平和の狀態なりや、戰爭の狀態なりやといふに、中立は決して戰爭狀態に非ず、二個以上の國家間に戰があるか又は一國と其交戰團體との間に戰爭あるときは、他の國家が之等の交戰國家又は交戰團體に對して有する狀態は即ち中立なり、故に中立は其發生するや必ず戰爭を以て前提と爲すと雖とも、戰爭狀態其ものにあらずして平和關係なり「リスト」カ中立は平和關係の推擴なりと稱するもの之なり、即ち中立を宣告したる國家が交戰國に對して派遣したる公使領事は依然として其職務に服し敢て之を召還することとなし、然り中立は一種の平和關係なり、他國の戰爭に對し不偏不黨の地位に立ちて交戰國の双方に對して

從來の關係を維持するを謂ふ。

中立の宣言

從來第三國は他國間に戰爭ある場合に、特に局外中立の宣告を爲すを例とす、然れとも中立は固と原則に屬するを以て別に之を宣告せざるに於ては原則に從ふの意思あるものと看做すべきが故に、別に之を宣告するの要なきなり中立は宣言に因りて生ずるものにあらず。

中立の始期及終期

然らば中立の始期如何、他國に戰爭あるときは同時に中立の始期なりやといふに、第三國が之を知りたる時より然りと答へざるべからず、若し之に反するものとせば、不知の第三國に對して中立違反を責むるに至り、不法なるを以てなり、然りと雖とも中立の終結は戰爭の終結を以て來る、戰爭の終結は同時に中立の終結なり、蓋し中立の存在は戰爭を前提とするを以てなり。

中立の區別

中立に種々の區別を爲す者あり、曰く嚴正中立と好意中立なりと、然りと雖とも中立は固と嚴正たるべきものにして交戰國双方に對し不偏不黨の地位に立つは固より其の所特に嚴正の二字を冠するの無用なるを知る、所謂好意の中立に至りては決して中立に非ず、一方に好意を表し若は双方に好意を表すといふが

如きは、中立の意義に背馳す、學者又曰く完全中立、不完全中立ありと、然りと雖とも不完全中立は國際法上認むべからざるものなることは明なり、又武裝中立なる語あり、武裝中立とは第三國は中立を守るの義務あるを以て中立の侵害を防がんが爲めに兵力を以て備ふるを謂ふ、武裝中國は一千七百八十年露國皇帝「カザリン」二世初めて之を提唱し「バルチック」沿海の諸國を糾合して英國の專横に備へ中立國船舶商業の妨害を防くを目的としたり、之を第一武裝中立とし、次て一千八百年に至り、露國皇帝「ポール」一世は第二武裝中立を唱へたり。

人又は物の中立

局外中立と混同すべからざるものは、人又は物の中立と稱するものなり、戰爭中病院の職員は中立なり、病院は中立なりと謂ふが如きは、直接に戰爭行爲を受けざることを意味するものにして一國の中立と稱するものとは異れり。

中立國の權利

局外中立國の權利は

第一、中立國の版圖內に於て主權を尊重せしむる權利

第二、中立國の版圖外に於て主權を尊重せしむる權利

の二に分つことを得べし。

先づ中立國の版圖内に於て主權を尊重せしむる權利に付て述ぶべし、中立の版圖は中立國の主權の行はるゝ所にして、絶對に他國の主權を排斥するものなるが故に、交戰國が戰爭行爲を爲すことを得ざるは明なり、若し中立國の領土内に於て砲擊を開始し、領海内に於て拿捕を爲すが如きは皆中立國の權利を侵害したるものなりと謂はざるべからず、勿論實例に於ては反對の場合なきに非ずと雖とも、理論は斯くの如くならざるべからず、然りと雖とも中立國の領海内に於て、交戰國の一方が攻擊の態度を取りたるを以て之を防戰したる他の交戰國は中立國を侵害したるものと稱することは能はず、蓋し此場合に於ては他の交戰國は戰時自衞權を行使したるものなればなり、只攻擊國は中立國に對して中立侵害の責を負はざるべからず、中立國は交戰國の軍隊をして其領土内を通過せしめざる權利を有す、若し之を許すとせば中立國は交戰國の一方を不當に利することゝなりて中立の義務に違反す、又交戰國の双方に許すとするも兩者に對して決して公平なる便益を與ふるを得ざるを以て結局一方を利するに至るが故に、今日に於ては絶對に軍隊の通過を許さず、然れとも軍艦が中立國の領海を通

過するは全く之と反對にして自由なり、軍艦は軍隊と異りて人心をして恟々たらしむるが如きことなく、従て中立の侵害と稱することを能はざるを以てなり、寧ろ軍艦の目的にして敵國攻擊に在りとするも全く自由に航行することを得、海戰に於て交戰國の一方の船舶か敗走して中立國の領海内に入りたるときは交戰國の他方は之を追窮して攻擊することを得ず、即ち中立國の領海は中立國の主權の行はるゝ所なるを以て戰爭の行爲を爲すこと能はす、交戰國は中立國の版圖内に於て軍隊を募集することを得す、故に中立國か中立の宣言を爲す際多くは之か禁止を明言す、例へは一千八百七十年普佛戰爭の際佛國か瑞西に於て軍隊を募集せんとしたるや瑞西は之を禁せり、其他交戰國は中立國の版圖を以て戰爭の招據地と爲すを得す。

茲に有名なる二十四時間規則を説明すへし、二十四時間規則は二原則より成る、第一に交戰國双方の軍艦又は一方の軍艦と他方の商船とか中立國の同一港に同時に在るときは一方か出港したる後二十四時間を經されは他の一方は出港するを得さるを謂ふ、此原則の由りて來りたる所以は若し然らすとすれは交戰

國双方は中立國の領海に於て戰爭行爲を爲し中立國に對して危險を來すか故なり、然るに南北戰爭の頃二十四時間規則に對して更に一原則を加へたり、即ち中立國に於ける交戰國の艦船は如何なる事情あるも二十四時間以上留まることを能はすといふもの之なり、此の原則の由りて來りたる所以は若し然らすとすれは交戰國は中立國の港を以て根據地となすの嫌あれはなり。

次に中立國の版圖外に於て主權を尊重せしむるの權利を述ぶべし、中立國か交戰國に對して派遣したる外交官領事は戰爭行爲の爲めに何等の影響を蒙むるものに非ず、駐在地が假令戰地となるも之が爲めに外交官の特權を侵害することを能はず、其他領事館に其本國の國旗を掲ぐるときは之に對して砲擊することを得ず。

以上中立國の權利は多くは同時に其義務なり、權利を説明したる上は義務を了解するに於て甚だ容易なるを知る。

中立國は自國の版圖内に於て交戰國をして戰爭行爲を爲さしめざるの義務を有す、若し之に違反すれば中立義務違反の行爲として其責に任せざるべからず

又中立國は交戰國の病者及び傷者が其領土を通過するは、例外として之を許すことを得と雖とも、軍隊をして其領土を通過せしむること能はず、軍隊通過に付ては議論の存せし所にして、或は中立國は之を許すことを得と唱ふる者ありしか、今日に於ては許さゝるを以て通説となすに至れり、只病者及び傷者に付ては陸戰の法規慣例第五十九條に於て中立國は交戰軍に屬する病者傷者か其領土を通過するを許可することを得、但し之を輸送する列車には、他の兵員及び戰鬪材料を載することを得ず、右の許可を與へたる中立國は之が爲めに必要なる保證及び監督手段を施すの義務あることを規定せり、中立國は交戰國か自國の版圖を戰爭の根據地に使用するを禁止するの義務を有す、中立國は又自國の版圖內に於て俘虜を運送せしめざるの義務を有す、交戰國か俘虜の運送を爲すには相當の護衞兵を附するの必要あるに拘はらず、中立國の領土內に於て之を爲さしむるときは、護衞兵を附するの必要なく別途に之を使用することを得ればなり、中立國は自國版圖內に於て交戰國をして兵員の募集を爲さしめざるの義務を有す、又交戰國の軍艦をして其領海內に於て戰爭行爲を爲さしめざるの義務

を有す、例へば敵艦の攻撃は勿論商船の拿捕の如き之を禁止せざるべからず、加之中立國は交戰國か拿捕したる船舶を率ゐて其領海內に來るを禁ずるの義務あり、其他中立國は戰爭に對して全然無關係なるを要す、交戰國に對して軍需品を賣買讓與すること能はず金錢上の援助を與ふること能はず、併し軍需品の讓與又は金錢上の援助の禁止の如きは中立國の有する義務にして中立國民の義務に非ざるを以て中立國民か此等の行爲を敢てするも中立違反と稱すること能はず學者往々中立違反を以て中立國人民の違反行爲なりと唱ふる者ありと雖とも中立違反は中立國の違反行爲にして中立國民のそれに非ず嚴に區別して論せさるべからず。

中立國の權利侵犯ある場合に侵犯行爲か自國の版圖內に起りたるときは中立國は暴力に訴へて其權利を保護することを得るのみならず損害賠償を請求することを得べし、其他侵犯國の謝害の方法に付ては今日未だ一定の形式あることなく或は使節を送りて謝し又は軍法會議を以て士官を罰せしめ又は禮砲を發して謝罪するものあり。

中立國か義務違反を爲したる場合に於ては被害國は中立國に對して損害賠償を請求することを得、中立義務違反は交戰國に不偏不黨の地位を守らざりし行爲ありたるものなるが故に換言すれば交戰國の一方に加擔したるの結果となるを以て交戰國の他方は之を敵國と看做し戰爭を開始することを得べし。

第五章　民法

第一節　權利の主體

民法とは私人間の法律關係を規定したるものなり。

權利の主體は自然人及ひ法人なり。

自然人

自然人の權利能力は出生の完成を以て始まるとは、獨逸民法第一條に規定する所なり、胎兒は未だ獨立の生存を保てる者に非ずして、母體の一部を以て權利主體と稱することと能はずと雖ども之を極端に推通すときは頗る嚴酷に失し自然に反するの嫌なきに非ず、故に例外として胎兒と雖ども權利能力を具備すと看做すことあり、例へば民法第千九百二十三條第二項に相續開始の當時に未だ生

存せざるも既に胎内に在る者は相續開始以前に生じたるものと看做すと規定せしが如し。

自然人の權利能力は死亡を以て終了することは別に說明を要せずして明也、然るに茲に死亡の宣告（Todeserklärung）と稱するものありて其宣告を受けたる者は財產權上親族法上死亡の効果を及さる、其場合は十年以來失踪者の生死に關して報知なきとき此宣告を爲す、但滿三十一歲に達せざる以前に於ては之を爲すことを得ずと雖ども滿七十歲と爲るべき失踪者は其生死に關する報知か五年以來達せざるときは之を爲すことを得、其他軍隊所屬員等に關して詳細なる規定あり。

古に於ては自然人中權利能力を有せざる者ありしが今日に於ては皆權利能力を有す、然れども行爲能力に至りては之を有せざる者多し若し夫れ全然意思能力を缺如せる幼者の如きは行爲能力を有せざること勿論なり、假令意思能力を有すとするも幼者は未だ身心の發達十分ならざるを以て完全なる行爲能力を有するものと謂ふべからず、故に成年は二十一歲の滿了することを要し其以前

法人

に於ては未成年者として之を保護せり、精神病者、精神耗弱者、浪費者飲酒者は禁治産を宣告せらるゝことを得從て行爲能力を制限せらるゝことを得、其他妻も同じく行爲能力を制限せらる。

法人とは自然人に非らずして權利の主體たるものを謂ふ或は法人を定義して法の擬制なりと稱する説あれども誤れり、擬制説に依れば自然人は權利能力を有す、否自然人のみ權利能力を有す、然れども例外法を以て自然人以外に權利能力を有せしむるを以て便宜と爲すに及んで茲に單純なる擬制を以て假設的に權利主體を作りたるもの之れ即ち法人なりと唱ふ、果して然りとせば法人は假設的のものにして眞正のものにあらず、存在せるものにあらず、存在せずんば權利を有することは能はずと謂はざるべからず、近世に於て擬制説が其勢力を失せる所以知るべきのみ。

法人は經濟社會に於ける實際的現象にして法が人格を賦與したるものなりとの説あり、曰く法人が實際的現存なることは法律が之を認めざる場合に於ても否法が禁じたる場合に於ても尚且法人に擬似したる經濟上の施設を爲すこと

を得るを以て之を證することを得べし、法律上の人格を有せざるか又は全く禁せられたる社團は恰も法人が社員の財產と自己の財產とを分離するが如く即ち獨立の人格を有するもの〻如く自己の財產を嚴密に管理するを以て通例とす法が之を承認するは外部より附加したるに過ぎずと、此說は正當なるものにして法人は法律の擬制なることを能く反證せりといふへし、然らば法律上法人を認むるの理由如何、吾人が社會に於て種々なる目的を遂せんが爲に諸種の團體存立するの事實に基くと云ふの外なし。

法人は獨立の人格を有するものなり、獨逸民法第一草案に於ては法人は獨立なる財產上の權利義務を有することを規定せざりしが未だ以て十分ならずとして現行法に於ては權利能力なる文字を以て之に代へたり、然り法人の事項は主として財產に關するものなり、例へば物權債權を有し債務を負擔するが如き之なり、然りと雖ども之を以て法人の利益を全く保護したりと謂ふべからず、彼の氏名權の如きは法人と雖ども當然之を享有せざるべからず、其他法人か受遺者となり相續人となるが如き多々あり、故に獨逸民法か權利能力なる文字を用ゐ

たるは、其當を得たるものなりと謂はざるべからず。

社團が法人として認められざるときは、其財産は假令事實上嚴密に區劃せらると雖ども、法律上の見地よりすれば其財産は團員の財産なりと謂はざるべからず、獨逸民法第五十四條には權利能力なき社團には會社に關する規定を適用し第三者に對し此社團の名を以て法律行爲を爲したるときは、行爲者は無限の責任を負ふの規定あり、但此組合と雖ども自己の名を以て訴へらるゝことを得。

法人は之を分ちて公法上の法人及民法上の法人と爲す、獨逸民法第八十九條に於ては國庫並に公法の團體及び施設に付て規定する所あり、民法上の法人は更に之を分て二となす、社團(Vereine, Universitates Personarum, Körperschaften獨逸民法第二十一條以下)及び財團(Stiftung. piae Causae)(獨逸民法第八十條以下)之なり。

社團とは權利能力を有する自然人の集合を謂ふ、社團が權利能力を取得するの方法に付ては、聯邦議會及び帝國議會に於て議論沸騰したる所なりき、自然人は法の全般を通觀すれば何人と雖ども權利能力を有することを察知するを得べしと雖ども、自然人の集合體に至りては之に相應すべき條文なし、故に如何なる

自然人の集合を以て法人と爲すべきやは、全く政治上の問題に屬す、本問題に付ては三主義あるを見る、第一は所謂法人自由設立主義と稱するものにして、社團は權利能力を得んと欲し之に相當したる組織を爲すときは直に人格を得るものとするを謂ふ、此主義に於ては全く國家の干渉を除斥し、其監督を不能ならしむるものなり、又若し此の如く法人の設立をして容易なるものなりとせば、吾人は法人と人格を有せざる社團とを區別するに於て頗る困難なりと謂はざるべからず、第二は特許主義と稱するものにして、社團は權限を有する官廳の宣告に因りてのみ其人格を得とするものにして、此主義に於ては國家の監督權は最能く行はると雖ども必要の限度を超えて亂用せらるゝの虞なきに非ず、第一主義及ひ第二主義の中間にあるものを準則主義となす、即ち社團か人格を得るには法定の條件を充實するを以て必要となすものゝなり、營業を爲すを目的とする社團に對しては特許主義を採り、然らざるものは準則主義を採るを以て通例とす、獨逸民法に於ては社團か營業を爲すを目的とする場合には、國家の賦與に因りて權利能力を取得すと爲し、營業を爲すを目的とせざる社團には管轄區裁判

所の社團簿に登記するに因りて權利能力を取得すと爲せり(獨逸民法第二十一條及び第二十二條)、財團とは特定の目的に供せられたる人格を有する財產を謂ふ、之が設立には生處分又は死後處分及び各州又は聯邦議會の認可を要す。

法人は權利能力を有すと雖も、意思能力を有せざるが故に行爲能力を有する能はず、是に於てか理事に置て外部に對して自己を代理せしむるの必要あり(獨逸民法第二十六條乃至第八十六條)法人は又住所を有することを要す、特別の規定なきときは事務を執行する地を以て法人の所在地と看做す(第二十四條及び第八十條)。

理事か數人より成る場合に於ては其決議の方法は二あり、會議を開き出席議決權の多數を以て決すると又は會議を開かずして總て理事が書面を以て決議を爲すこと之なり(第二十八條及び第八十六條)。

法人は理事が其權限內に於て爲したる法律行爲に付て責任を有するのみならず、理事又は定款上任命せられたる社團の代理人が、其權限內に於て爲したる不法行爲に付ても亦責任を有す(第三十一條及び第八十六條)此規定は獨逸民法第

八十九條に於て特に之を公法の法人にも準用せり、然れども之れ官吏か公權の行使を以て爲したるを指すに非ずして私法上の職務に關する場合を謂ふ。法人が解散したるときに其財產の處理に付ては、第一に定欵を以て之を定め、第二には法律の規定に依るものとす(第四十六條乃至第五十三條第八十八條)。國庫が法人の財產の歸屬權利者なる場合には、法定相續人たる國庫に歸屬する相續財產に關する規定を準用す、此場合に於ては國庫は成る可く其財產を法人の目的に適したる方法を以て使用することを要す、若し歸屬權利者か國庫ならさるときは、請算を爲すことを要す、法人は請算の目的の範圍內に於ては權利能力を有するものとするが故に、法律行爲に依りて權利義務を取得することを得、淸算は通例理事之を爲すと雖とも、他の者を任命することを妨げず、淸算人は理事の法律上の地位を有す、數人の淸算人ある場合に於て別段の規定なきときは其總員の同意を要す、淸算人は現務を結了し、債權を取立て、債務を辨濟し、殘餘財產を歸屬權利者に引渡すことを要す。

第二節　物

物の意義

獨逸民法に於ける物とは有體物を謂ふ(第九十條)。

有體物とは空間を塡充するものを謂ふ。

故に瓦斯、液體、固體の如きは有體物なり、電氣は有體物なりや否やに就ては、議論の存する所にして、或は曰く、電氣は瓦斯の如く之を管に導き又は蓄電機中に貯ふることを得るを以て有體物なりと、普、露、西國法に於ては、吾人の感覺上物たるもの迄をも有體物とせるが故に、電氣も亦有體物なりとす、然れとも今日一般物理學者の說に依れば、電氣は物質に非す、物質の震動に因りて生する力なりとす「レーゲルスベルグゲル」の如きも、電氣は只活動する力に過ぎざるのみ、故に無主のものにして之に對し竊盜及横領罪成立することなしと稱せり。

自然人は空間を塡充すと雖とも物に非す、古奴隷を認めたる時代に於ては自然人にして物なるものありしと雖とも、今日に於ては物の觀念中より自然人を除斥せざるべからず。

物の區別

性質上吾人の支配すること能はざる物、例へは大海、空氣の如きは人類の公有物にして私權の目的となることを得ず、日月星辰の如き亦然り、又風俗上私權の目的たることを禁じたる物あり、例へば生きたる人類の肉片の如き之なり、其他法規を以て私權の目的たることを禁したる物多し。

獨逸民法に於ける物の區別中重要なるは、土地及び動產なり、例へば所有權の取得に付て土地及び動產の間に區別あるが如き、又或る物權は土地に限りて之を設定するを得るが如き之なり。

債務法に於て特別に必要なるは代替物なり、代替物とは取引上通例數度量衡を以て定めらるゝ物を謂ひ、不代替物とは其物が有する特別の性質に依りて取引上他物を以て代ふること能はずと認めらるゝ物を謂ふ、要之代替物の區別は取引上の客觀的標準に依りて決定せらる、金錢穀物の如きは代替物なり、消費貸借は代替物に限りて成立す、尙其他代替物と不代替物との間に法律上の取扱を異にせる點多し。

次に獨逸民法第九十二條に於ては消費物を定め、本來の使用か消費又は讓渡に

在る動産とせり、故に消費が本來の目的に非ずして、使用より生じたる希望せざる結果なるときは不消費物なりと謂はざるべからず、本來の使用が消費に在る動産とは例へば食物、薪炭の如きものにして、讓渡に在る動産とは、金錢商人の有する商品の如きを謂ふ。

獨逸民法第九十三條に於ては、物の重要成分に付て特別の規定を爲せり、固く結合して經濟上單一物と看做さるゝ物は、法律上に於ても亦單一物を形成す、詳言すれば物の一部を破壞するか又は其本質を變更するに非ざれば、各部分を分離すること能はざる物の成分を稱して重要成分と謂ひ、特別に權利の目的たることと能はざるの規定あり、例へば船車の如きは之を分離するに於ては或は破壞或は本質の喪失を免れざるを以て、其構成部分は重要成分なり、假令其成分にして結合の以前に於ては、數人に分屬せる物なりと雖とも、苟も一旦結合せられたる以上は其所有權は一個にして、之が爲めに二個以上の所有權あることを許さず、物權は結合されたる物全般に亘りて之を設定することを得べく、一部分に對しては能はざるなり。

法律行爲の意義

獨逸民法は土地の重要成分に付て詳細なる規定を設けたり、第九十四條に曰く、土地に固着したる物、殊に建築物並に土地と結合する土地の產出物は、土地の重要成分に屬するものとす、然れとも單に一時的の目的の爲めに結合せしめたる物は、土地の成分に屬せず、又所有者以外の者か、土地に對する權利を行ふが爲めに土地に附着せしめたる物は、土地の成分に非ず、又一方に於て土地と結合せられたる權利例へば地役權の如きものは土地の成分と看做すものとせり。從物とは、永久他物即ち主物の經濟上の目的に供せらるゝ獨立の動產を謂ふ、從物に付ては、獨逸民法第九十七條以下に規定あり、從物は成分と異り主物と固着する物に非ずして、經濟上獨立のものと看做さるゝ動產なり、從物が經濟上の目的に供せらるゝ爲めには、相當の空間的關係に在ることを必要とす。

第三節　法律行爲

法律行爲とは、法規が法律上の效果を生せしむる私法上の意思表示なり、故に私法上の效果を生せざる意思表示は、法律行爲に非ず、不法行爲と法律行爲との差

は、前者は行爲が法律上の效果を生することを目的とせざるに反し、後者は之を目的とすと謂ふを通説とすと雖とも誤れり、何となれば當事者か假令其法律上の効果の發生を知らざるときと雖とも、法律上の効果たる損害賠償義務の發生を希望することあるを以てなり、蓋し法律行爲と不法行爲との差異は、法規に適合すると背反するとに在りて存す。

法律行爲の區別

法律行爲には種々の區別あり。

一、一方行爲及び双方行爲、一方行爲とは一人の意思表示を以て成立し、双方行爲とは二人以上の意思の合致に依りて成立する法律行爲を謂ふ、例へば催告、抛棄の如きは一方行爲にして、契約の如きは双方行爲なり。

二、生前處分及び死後處分、死後處分とは死後に効力を生する法律行爲にして、生前處分とは之に反する法律行爲なり、例へは遺言は死後處分にして、贈與は生前處分なり。

三、要式行爲及び不要式行爲、要式行爲とは意思表示に一定の形式を要する法律行爲にして、不要式行爲とは如何なる形式をも必要とせざるものを謂ふ、例へば

意中留保

遺言の如きは要式行爲なり、不要式行爲の場合には或は口頭を以て若は書面を以て又は態度を以て意思を表示すること自由なり。

法律行爲の眞髓は意思表示なり、意思と表示とは一致せざるべからず、蓋し法律は吾人の意思を支配するものに非ざるが故に、表示なきの意思は、法律の干與する所に非ざると同じく、假令表示ありと雖とも、意思なき場合に於ては又法律の問ふ所に非ず、然るに意思主義と表示主義と稱するものありて、前者は意思は表示なき場合に於ても其證明ありたるときは、法律上効力を有すとなし、後者は意思なき場合に於ても表示ありたるときは之を以て十分なりとし、其効力を定めんとす、此二説は共に極端に走りたるものにして、意思と表示と合致せざるときは、法律行爲の效力を生せざるを以て原則とせざるべからず、然れとも意中留保即ち表示者が表示せられしことは眞意に背馳する旨を、意中に留保すと雖とも、之が爲に意思表示を無効とするときは、往々取引上の弊害を來すを以て、斯る行爲は之を有効とし、只他人に對して意思を表示する場合に他人が之に付て知得たるときは無効なりとす(獨逸民法第百十六條)。

虚僞の意思表示

錯誤

虚僞の意思表示即ち他人に對して爲したる意思表示が、他人の同意を得て單に外見上成立したるものなるときは之を無効とす、(獨逸民法第百十七條)虚僞の意思表示に於ては、當事者が眞意に非さる所のものを外部に表示するに付て通謀あるものなり、意中の留保は反之斯の如き通謀あることなし、虚僞の意思表示は當事者が其無効を主張することを得るのみならず法律上利害關係を有する者は無効を主張することを得、債權者の請求を免れんが爲めに、債務者が虚僞の意思表示を以て動産を讓渡したるが如き場合に於ては、債權者は讓渡の無効を主張することを得べし。

意思表示の内容に錯誤ありたるとき、又は其内容の表示を爲すことを欲せざりしとき、之を爲したる者が事情を知り且場合を善く識別したらんには斯る意思表示を爲さゞるべしとの推定を爲すことを得るときは、之を取消すことを得、取引上重要と看做さるゝ人又は物に關する錯誤も、亦意思表示の内容の錯誤と看做す、(獨逸民法第百十九條)錯誤は行爲自體に關するものならざるべからず、單に其遠因に關するが如きは取消の原因となるものに非ず。

強迫

不法に強迫に因りて意思を表示したる者は之を取消すことを得(獨逸民法第百二十三條第一項)強迫に二種あり、一、身體に暴力を加ふる場合にして、之を稱してVis Absolutaと謂ふ、此場合に於ては表示者は全く意思を缺如せるを以て法律行爲は成立することなし、例へば人あり余の手を執へて借用證書に捺印せしめたるが如き之なり、他はVis Compulsivaと稱するものにして、表示者の精神上に强制を加ふる場合なり、蓋し此場合に於ては表示者が其意思を表示するに方りては、敢て眞意に反したる表示を爲したるものに非ざるを以て之を全然無効とするの謂はれなし、然りと强とも其意思を表示したる所以に遡りて思索するときは、自由なる意思に出てたるものに非ざるが故に、之を取消し得べしとするは當然なりと謂はざるべからず、獨逸民法か強迫に付ての規定は此場合を指示したるものなり。

詐欺

詐欺に因りたる法律行爲も亦之を取消すことを得、第三者が詐欺を行ひたる場合に、他人に對して爲したる意思表示は他人が之を知りたるとき又は之を知らざるべからざりしときに限り之を取消すことを得、意思表示を受けたる以外の

者が意思表示に因りて直接に權利を取得したる場合に於て、此者が詐欺を知りたるとき又は之を知らざるべからざりしときは之を取消すことを得(獨逸民法第百二十三條)。

隔地者に對する意思表示の効力を發生する時期は、發信主義と受信主義とを採用するに依りて異る、發信主義とは表示者が通知を發したる時に効力を生ずるものとし、受信主義に於ては相手方が通知を受けたる後初めて効力を生ずと爲す者なり、獨逸民法第百三十條に於ては受信主義を採れり、故に意思表示の到達前又は到達と同時に取消が到達したるときは、意思表示の効力を生ぜさるは勿論なり、若し表意者が相手方に、意思表示の到達前死亡又は行爲能力を喪失することあるも、苟も表意の當時に於て意思に障礙なき以上は意思表示は之が爲め効力を妨げらるゝ所なし到達の時を以て効力を生ずるものとせざるべからず。

獨逸民法に於ては、總則篇に於て契約を規定せり、之れ固より正當なる編成法にして契約は獨り債權の發源なるのみならず、或は物權の發源なることあるを以て、總則篇に契約を掲ぐるは當を得たりと謂はざるべからず。

契約には種々の區別あり。

一、諾成契約、要式契約及び要物契約

諾成契約とは當事者の合意のみを以て成立する契約を謂ひ、賣買の如き之に屬す、要式契約とは當事者の合意の外、形式を以て成立上の要件とするものにして、婚姻の如きを謂ふ、要物契約とは當事者の合意の外、尙目的物の引渡を必要とする契約にして寄託の如き之に屬す。

二、双務契約及び片務契約

當事者双互に義務を負擔する契約は双務契約なり、例へば賣買交換の如き之なり、片務契約とは當事者の一方にのみ義務を生ずる契約を謂ふ、例へは贈與の如し、然れども一の契約にして或は双務契約と爲り、或は片務契約たるものあり、例へば寄託の如き報酬を支拂ふと否とに依りて或は片務たり、或は双務たるが如し。

三、有償契約及び無償契約

有償契約とは當事者各一方に出捐を爲し、他方に利益を得る契約を謂ふ、例へば賣買交換の如し、無償契約とは一方が利益を得他方が出捐を爲すに止る契約に

して使用貸借の如し。

四、有名契約及び無名契約

法律中特別の名稱あるものは、有名契約にして、之なきは無名契約なり。

條件

條件とは、法律行爲の効力を未來の不確定なる事實に係らしむる意思表示なり、條件は意思表示なり、事實に非ず、法律行爲に附帶せしめたる意思表示なり、條件に二あり、停止條件及び解除條件之なり、停止條件とは、効力の發生を未來の不確定なる事實に係らしむるものにして、解除條件とは、効力の消滅を未來の不確定なる事實に係らしむるものを謂ふ、解除條件は「デルンブルヒ」の論せる如く、主たる契約と共に副契約の結合せるものなり、而して副契約は停止條件附のものにして、此條件が成就したるときは本契約を解除す、即ち解除條件は本契約を解除するの點より下したる名稱にして、見地に依りては一種の停止條件なりと謂はざるべからざるや勿論なり。

條件には又肯定條件及び否定條件あり、前者は條件が成就すれば狀態に變更を生じ、後者は變更を生せざるものを謂ふ。

期限

條件には又人爲條件及び偶成條件あり、前者は條件の成就に條件權利者の行爲を要するもの、後者は條件の成就に條件權利者の行爲を要せざるものを謂ふ、人爲條件と偶成條件との間に混合條件あり、條件の成就に條件權利者の意思以外偶然の事實を要するものを謂ふ。

停止條件付法律行爲に於ては、法律行爲の目的たる權利は未だ發生せざるが故に、債務者は之を履行すること能はざるなり、然れども當事者間に於ては一種の法律關係成立し、權利者は條件未確定の時の間に、債務者が過失に因り條件に係る權利を無効にし、又は毀損したる場合に於て條件成就したるときは、債務者に對し損害賠償を請求することを得、(獨逸民法第百六十條第一項)解除條件付法律行爲に於て舊權利狀態回復の利益を有する者も、亦損害賠償を請求することを得。(同上第二項)

期限には始期及び終期の二種あり、始期とは法律行爲の效力を猶豫するものにして、終期とは法律行爲を消滅せしむるものを謂ふ、期限には又確定期限及び不確定期限あり、確定期限とは到來の確定せるもの即ち何月何日といふが如きを

代理

謂ひ、不確定期限とは確定せざるもの即ち甲の死亡の日といふが如し。

法律行爲に始期又は終期を附したるときは始期に付ては停止條件、終期に付ては解除條件に關する規定を準用す。（獨逸民法第百六十三條）

代理とは他人が自己に代りて法律行爲を爲すを謂ふ、吾人は自ら法律行爲を爲すこと能はず往々他人が之を補助することあり、補助に種々あり、或は他人が自ら法律行爲の意思を決定して之を表示し其効果を吾人に及ぼす場合あり、或は他人が吾人の決定したる意思を傳達するに止る場合あり、前者は即ち代理にして後者は即ち單純なる使者なり、代理と使者との區別の標準は意思を決定すると否とに在り、代理の場合に於ては、本人は意思を決することなく、意思を決定する機關は即ち代理人なるに反し、使者の場合に於ては意思を決定する者は本人にして、使者は單に之れを傳達する機關たるに過ぎず、代理に付て注意すべきは、代理は法律行爲に止り、不法行爲に付て存在することなし、例へば甲が乙の爲め丙を毆打することを依頼されたる場合に於ても、毆打罪は甲の一身に於て成立し乙の代理人たるを無罪なりと稱することと能はず、又代理人の爲したる法律行

爲は、直接に本人に對して効力を生ず、獨逸民法第百六十四條に曰く、代理權の範圍內に於て本人の名に於て爲したる意思表示は直接に本人に對して効力を生ずと之なり、然れども代理人が明に本人の名を以て法律行爲を爲すも又は事情を綜合して本人の名に於て爲すことを察知し得べきときは本人の名を明示せざるも可なり、然れども所謂間接代理は玆に謂ふ代理に非ず、間接代理とは自己の名を以て他人の計算に於て法律行爲を爲すを謂ふ、此場合に於て相手方に對し直接に權利義務を取得する者は、間接代理人にして本人に非ず、本人と相手方との間には、何等直接の法律關係成立することなし。

獨逸民法に於ては代理權の發源の一として授權行爲を認めたり、第百六十七條に曰く、代理權の授與は代理權を授與せらるべき者又は代理人が代理行爲を爲すべき第三者に對する意思表示を以て之を爲すと授權は單獨行爲なり、授權者が自己の爲めに法律行爲を爲すの權限を或人に與ふる行爲なり、此場合に於て受權者は別に承諾の意思を表示するを要せずして代理權を取得す、我民法第百九條は果して代理權の授與を認めたるものなるや否やに付ては議論あり、余は

之を以て授權行爲を認めたるものなりと解釋すること能はずと思惟す、果して然らば獨逸民法に比して一段の進歩を加へざるものなりと謂はざるべからず、代理權は又委任に因りて發し、行爲無能力者の爲めには法律の規定に因りて代理權を發せしむ、此れ説明を要せずして明なり。

第四節　時効

時効

時効とは、時間の經過に因りて權利の取得若は喪失を來すを謂ふ、時効は法律上の推定に非ずして權利得喪の方法なり、蓋し吾人の法律關係は時を經るに從ひて錯綜し來り事實上漸次確定するに至り、長期に亘りて繼續したる狀態は之を存續せしむること却て必要にして敢て其權源を探究するが如きは弊害を長成せしむる所以たらずんばあらず、即ち事實上一定の狀態確立したる場合に於て更に法律に訴へて之を顚覆せんとするは權利關係の紛糾を招くに止り、何等の益なし、況んや正當の權利者は其事實上一定の狀態確立する以前に於て法律上正當の手段に訴ふることを得るに於てをや、此れ法律が時効なる制度を設けた

る所以なり、故に時効は權利者が長期間其權利を行使せざるは拋棄の意思あるものとしたる推定に基くものに非ず、若し推定なりとせば權利者反證を擧げて之を擊破するを得べしと雖ども時効に於ては斯くの如きことを許さず此れ即ち時効が推定に非ずして權利取得の方法なる所以なり「デルンブルヒ」氏は時効は過去の狀態に反對して現時の狀態を保護すと云ふものゝ之なり。

時効に二あり、取得時効及び消滅時効之なり、取得時効とは、權利を取得する時効にして、消滅時効とは權利の消滅する時効を謂ふ、獨逸民法總則に於ては、消滅時効に關する規定を設け、取得時効に付ては之を各篇に讓れり、獨逸民法に於ては普通の消滅時効期間を三十年とし(第百九十五條)第百九十六條及び第百九十七條に於ては二年若は四年を以て完了する請求權を規定せり。

時効は請求權の成立を以て其進行を開始す、請求が不作爲を目的とするときは、反對行爲を爲したる時より時効は進行するものなり、(獨逸民法第百九十八條)然れども權利者が債務者に催告を與へたる時初めて給付を請求することを得る場合に於ては、時効は催告を爲すことを得る時を以て其進行を開始す、但催告あ

りたる後一定の期間を經過したるとき、初めて給付を爲すの義務ある場合に於ては其期間繼續の間時效は進行せざるものとす。（獨逸民法第百九十九條）

時效は其進行を停止せらるゝことあり、即ち停止期間は之を時效の完成期間に算入せす、停止の原因は或は請求權者の行爲無能力に依るあり、（獨逸民法第二百五條）或は裁判の休止に依り、又は不可抗力に依るあり。（同第二百三條及び第二百六條）

時效の中斷は停止と異り、之に由りて以前に進行したる時效の期間は消滅に歸し更に新に起算して法定の時效期間を經過することを要す、時效中斷の方法は種々あり、訴を提起したる場合に於ては時效中斷の效力を生ず、獨逸民法第二百九條に於ては之を規定し且つ訴の提起と同一と看做さるゝ事項を揭げたり、債務者が債權者の權利を承認したる場合に於ても、亦時效は中斷せらる、權利の承認は或は內拂、擔保の設定、利息拂、證書の作成等を以て爲すを通常とす。（獨逸民法第二百八條）

第五節　自衞自救

吾人は茲に獨逸民法特色を讀者に紹介するの機を得たり、即ち獨逸民法に於ては、自衞自救と稱するものを認め、第二百二十六條以下第二百三十一條に至るまで六ヶ條を設けたり。

抑法律發達の歷史を案ずるに、古代に於ては强制的に權利を實行するは、多くは權利者の自救の途に依りたるものにして、其裁判所に出訴して之が救濟を求めたるか如きは甚だ少なし、然れども當事者の自救は動もすれは其正當の範圍を超脫して感情に馳せ弊害を續出するが故に、今世法治國に於ては概ね當事者自救の範圍を縮少し、公力に訴へて權利の實効を收むるを以て原則とせり、即ち世の文明に進むに從ひ公力監督の範圍漸次擴大を致し私人が感情を逞うし私憤を暴力に洩すが如きこと少からしむ、然れども現時尚未だ自衞自救を全廢すること能はず恐らくは將來と雖ども然るべし、即ち刑法の區域に於て正當防衞あり正當防衞は諸國の刑法に規定する所なり、我邦に於ては民法の範圍に於て自

衞を認むることなきに反し、獨逸民法は自衞自救を認めあり、之れ即ち獨逸民法の特色と稱する所以なり。

自衞自救とは權利者が公力に訴へずして自己の力に依りて抵抗を排除し、權利を行使するを謂ふ、自衞自救は嚴格なる制限を附するに非ざれば、種々の弊害を來たすこと前述の如し、故に若し權利の行使にして、單に他人に損害を加ふるの目的に出でたるときは自救は之を許さず(獨逸民法第二百二十六條)、自己又は他人に對する目前の違法攻擊を防衞する爲め、必要なる防禦行爲は、正當防衞にして之を以て違法なりとせず(同第二百二十七條)即ち適法の防禦行爲たる爲めには、第一に自己又は他人に對する攻擊行爲あることを要す、第二に其攻擊は目前に切迫したるものなることを要す、若し將來に於ける攻擊なるときは之が爲めに正當防衞を形成するものに非ず、第三、防禦行爲は必要なる範圍を脫せざることを要す、又他人の物に因りて生ずる危險に對する自救に付ては、獨逸民法第二百二十八條は之が規定を設け、斯る危險を自己又は他人より除去せんが爲めに、他人の物を毀損破壞する者は其行爲が危險の除去に必要にして、且損害が危險

債權の性質

に相當する限度に於て不法行爲たるの責任を免かるゝものとせり、又獨逸民法第二百二十九條に於ては、正當の時期に公力の救濟を得ること能はざるに、即時に處分せざれば請求權の實行を水泡に歸せしめ又は困難ならしむる如き場合に、自救の爲め物を押收、破壞、加害、逃亡の嫌疑ある債務者の抑留及び債務者が忍容の義務あるに拘はらず、抵抗する場合に之を鎭壓するを許せり、但し適法の要件を具備すと誤信して、之等の行爲を爲したる者は、假令過失に出でたる錯誤の場合と雖ども、他の當事者に對して損害賠償の責に任ぜざるべからざるものとす(獨逸民法第二百三十一條)

第六節　債務關係の內容

債權とは一方が相手方に對して行爲、不行爲を請求する權利なり、債權は物權が物に對する權利なるが如く、人に對する權利なり、債權の場合に於ては給付の目的にして物なることありとするも、權利者は其物に對して直接に權利を有するに非ず、相手方に對して行爲を請求するの權利を有するものなり、故に「デルンブ

給付の義務

ルヒ」の唱ふる如く債權は物權と異りて有形界に對する支配關係を生ずるものに非ず、人と人との關係を生じ義務を發し之に依り相手方の決心を促す、即ち無形界に對する支配關係を惹起す、若し債務關係に於ては强制執行の方法あり債務者が債務を履行せざれば直に債務者の物權を押收するを得るが故に債權は物に對する關係なりと稱する者あらば大なる誤なり、此塲合に於ては債權の爲めに存在する强制執行は物に對すと稱することを得べきも、債權は決して物に對するものに非ず或は謂はん權利は凡て人に對するものなり、殊に債權に於て之を明言するの必要なしと、然り權利は凡て人と人との關係なり、故に吾人が權利の分類を爲し物權と、債權との區別を論ずるに方りて、單に債權は人と人との關係なりと稱せば決して正當に非ず、然りと雖ども吾人は債權が人と人との關係中如何なる特質を有するものなるやを明言せること前述の如し、即ち債權は他人の行爲不行爲を要求する權利なりと稱することと之なり。

債務關係の內容は債務者の給付の義務なり、給付の義務は不行爲なることを得（獨逸民法第二百四十一條）、給付とは債務の本旨に從ひたる債務者の行爲を謂ふ、

債務關係の成立には給付の確定せることを必要とす、少なくとも確定し得べきことを要す、若し全然確定することと能はさる場合に於ては債權關係は成立するを得ざるなり、獨逸民法第二百四十三條に於ては、債權の目的物を指示するに種類のみを以てしたるときは債務者は中等の品質を有する物を給付することを要すとし、債務者が斯る給付を爲すに必要なる行爲を定了したるときは、以後は其物を以て債權の目的物と爲すことを規定せり。

獨逸民法に於ては損害賠償は原狀回復を以て原則とす、即ち第二百四十九條に於て損害賠償の義務を負擔する者は、此義務を負はしむべき事情が發生せざる場合に存ずべかりし狀態に復せしむるの義務を負ふ、人身傷害又は物品毀壞より生ずる損害賠償に付ては、債權者は其原狀回復に代へて之が爲めに要する全額を請求することを得るものとせり(第二百四十九條)。

選擇債務

選擇債務は單純債務に對するものなり、撰擇債務とは甲若は乙の給付を爲すを要する債務を謂ふ、例へば白馬若は黑馬の中何れか一を給付せんと約するが如し、單純債務に於ては二個以上の目的物中擇一するが如きことなく初めより一

債權者の遲滯

に確定す、選擇債務に於ては、給付が二個存在するものに非ず、債務が二個存在するものに非ず、債務は一個なり、若し其目的物中何れか一個を給付せば債務を履行せられたるものにして直に消滅す、即ち甲を給付せざれば乙を給付すべく、乙を給付せされは甲を給付せざるべからずとの條件付給付なり、選擇債務に於て通常選擇權を有するものは債務者なり、選擇權を有する債務者が、强制執行前に選擇權を行使せざるときは、債權者は自己の選擇を以て强制執行を爲すことを得、又選擇權を有する債務者か遲滯に在るときは、債務者は債權者に對し選擇權を行使すへきことを催告するを得、若しこれを爲さざるときは選擇權は債務者に歸す（獨逸民法第二百六十四條）選擇權を有する者が選擇權を行使したるときは債務は單純となる若し選擇權者の責に歸すべき事由に因りて數個の目的中の一が履行不能となるときは債務關係は其他の目的に付存在す、但し選擇權を有する者の責に歸すべき事由に依りて履行不能となりたる場合には此限りにあらず（第三百六十五條）又選擇の効力は既往に遡る。（第三百六十三條第二項）

債權者は提供せられたる給付を受取らざるときは、遲滯の責に任せざるべから

ず、(獨逸民法第二百九十三條)給付は其本旨に從ひ債權者に對して現實に提供せらるゝを要す、只債權者に對して給付せんとの意思を表示するも實際に給付を提供したりと謂ふべからず、即ち金錢の債務ならば之を準備して既に辨濟を了するを得る程度に達したるものなることを要す、給付は債務本旨に從ふことを要す、若し金額の全部に非ずして一部を提供するが如き中等の品質を約束し乍ら下等の品質を提供するが如きは決して本旨に從ひたる給付と稱すること能はず、然れども債權者が債務者に對し債務者の給付を受取らざるべき意思を表示したるか又は給付を履行するに付き債權者の行爲を必要とするか殊に債權者が債務の目的たる物を引取るの義務ある場合に於ては債務者は言語を以て給付を提供することを得、即ち債務者は單に辨濟すべしとの言語を發すれば之を以て提供とし債權者は遲滯の責に任ぜざるべからず、又債權者に對し債務者が給付を爲すに必要なる行爲を爲すべきことを催告したる時は之を以て提供と同一に看做す、若し債務者が提供の時に於て給付を履行すること能はざることあらば、之れ提供あるも之なきと同一なるを以て、債權者をして遲滯の責に任ぜ

しむること能はざるは勿論なり、然れども債務者が債權者の給付ありたる場合にのみ給付を爲すべき義務を負ひたる時、假令債權者が給付を受取るの準備は十分に爲し得たりとするも苟も債務者が請求したる反對給付を提供せざるに於ては債權者は遲滯の責に任せざるべからず、蓋し此場合に於ては辨濟受領の要件として、債權者は自己の反對給付を準備すへきは當然の事に屬し乍ら而も其準備を缺きたるは畢竟債務者の給付を受領するの用意なきものと同一なるべければなり。

債權が遲滯にある間は債務者の責任は大に輕減せられざるべからず、此場合に於ては債務者は既に其自己の本分たる義務を十分に盡したるものなるを以て、之に對して責任を輕減するは至當の事なればなり、或は債權者の遲滯の場合に於て債權者に過失なきときは債權者をも亦責むべからざるに似たりと雖ども、債務者債權者何れにか損害を歸せしめざるべからざるを思考すれば、到底債權者に歸するの外止むなきを見ん、是に於てか獨逸民法第三百條に於ては債權者が遲滯の責に任ずる間は債務者は唯故意及び重過失に付てのみ責任を有する

者とせり、又特定物の債務なるときは其危險負擔の責任は債權者に移る、種類を以て定めたる債務に付ても、債權者が提供せられたる物を受領せざる爲めに遲滯の責に任ずる時より危險の負擔は債權者に歸す、又利息を付したる金錢上の債務に付ては債權者が遲滯の責に任ずる間は債務者は利息を拂ふを要せず、又債務の內容が土地の引渡に存するときは、債權者が遲滯の責に任ずる後は債務者は其占有を拋棄することを得、但其拋棄は債權者に對して之を豫告することを要す、豫告を爲すこと能はざる場合は此限に在らず、次に又金錢有價證券及び其他の證書並に高價物は、債權者が遲滯の責に任じたるときは債務者は債權者の爲めに之を公設の供託所に供託することを得。（獨逸民法第三百七十二條）

第七節　多數債務者及多數債權者

數人が分割することを得べき一の給付を負ひたるときは、疑ある場合に於ては各債務者は平等の部分に付て負擔を有するものとす、之れ固より正當なる規定にして此の如き場合に於ては債務者は各一の債務を負擔せるものなりと解釋

共同債務

す、即ち債務の數は債務者の數と相等しきものなりと謂はざるべからず、又は數人が分割することを得べき一の給付を負擔したるときは、疑ある塲合に於ては各債權者は平等の部分に付てのみ權利を有するものなりとす、此塲合に於ても債權者は各別に債務者に對して一個の債權を有するものにして、債權の數は債權者の數と相等しきものなり。(獨逸民法第四百二十條)

獨逸民法第四百二十一條に於ては共同債務を規定し、多數の債務者が一の給付を爲す義務を有する塲合に債務者は各給付の全部を爲すの義務あり、債權者は只一回之が給付を請求するの權利あるときは債權者は各債務者に對し任意に其給付の全部若は一部を請求することを得、全部の給付を履行し終るまでは全債務者は尚其義務を負ふものとせり、共同債務の性質に付ては議論の存する所なり、或は債務は共同債務者の頭數丈け存すと唱ふるものありと雖ども正當なる見解に非ずと信ず、何となれば債務者は各〻全部の給付を爲すの義務を帶有するものなりと雖ども、一人か若し全部を給付し盡したるとは其他の債務者は皆其責を免る換言すれば給付は一にして二あるべからず、余輩は給付の數に依

りて債務の數を判斷すべきものなることを疑はず、若し債務者の一人が全部の給付を爲すに拘はらず尙他の債務者が給付を爲すの義務あるものとせば之れ明に二個以上の給付ある者なりと雖ども、共同債務の場合に於ては斯の如きことなし、而して又全部の給付は各債務者が分擔して債權者に給付するものに非ず、債權者は同一人に對して全部の給付を請求することを得るものなり、之れ即ち債權を確保するに於て最有効なる事柄にして、共同債務の實益は實に玆に存すと謂はざるべからず、斯くの如く共同債務は一個の給付なり、從て其債務は一個なりとす、唯一個の債務を數人が負擔するものにして其負擔の方法たる分擔に非ずして全部を負擔す、其全部を負擔するや、各債務者は各條件付なり、換言すれば甲乙の二人が共同債務者なりとすれば甲が全部を給付せざるときは乙は之を給付するの義務を有し、乙が全部を給付せざるときは甲は之を給付することを要するが如く、甲乙の給付は各條件に係れるものなり、吾人は選擇債務を說明するに當りて債務者は一物を給付せざれば他物を給付せざるべからず、他物を給付せざれば一物を給付せざるべからず、一物の給付及び他物の給付は各條

件に係れるものなりと論せしが共同債務の場合に於ても之と同樣の法理を以て說明することを得べく、彼に在りては給付の一なりしが如く此に在りては給付は一を出でず彼に在りて債務の一なる如く此に在りても一以上あることなし、唯彼に在りては債務者一人なるに反し此に在りて二人以上なるの差あるのみ、共同債務者は既に各々條件付給付を爲すの義務ありとせば詳言すれば他の債務者の行爲を以て條件とせる給付の義務を負擔するものなりとせば、各債務者間に於て諸種の權利關係を生じ、債務者が給付を分擔せる場合と異りたる結果を來すべき者たることとは說明を要せすして明なり、獨逸民法に於て此等の規定を設けたり、例へば第四百二十二條に於て共同債務者の一人が爲したる辨濟は其他の債務者の爲めにも亦之が効力を生じ代物辨濟供託相殺も亦然りとせり、第四百二十三條に於ては債權者と共同債務者中の一人との間の合意に因りたる免除は當事者が債務關係の全部を消滅する意思なりしときは他の債務者の爲めに免除の効力を生ずるものとす。

獨逸民法第四百二十八條に於ては共同債權に付て規定せり、多數者が一個の給

付を爲すことを得る場合に於ては、各人は全部の給付を請求する權利を有し、債務者は只一回之を履行するの義務を有するときは、債務者は債權者の何人に對しても任意に給付を爲すことを得と、共同債權は我民法に於ては之が規定を缺く、規定を缺くは敢て斯る契約を禁ずるの趣意に非ず、若し之を爲したる者ある場合に於ては其解釋は一般法理の命ずる所を遵奉せんとするに在るのみ、蓋し連帶債務と異りて共同債權は其起るべき場合事實上少かるべきを豫想したる結果に外ならず。

第八節　債務關係の消滅

一　辨濟

辨濟とは給付を爲すを謂ふ、蓋辨濟は債務關係を消滅せしむる最も自然の方法にして債務者が債權を有する終極の目的も亦玆に存すと謂はざるべからず。辨濟を爲すことを得る者は債務者のみならず、第三者も亦此權限を有す、獨逸民法第二百六十七條に於ては債務者が自ら給付を爲すことを要せざるときは、第

三者と雖ども債務者に代りて給付を爲すことを得、此場合に於ては債務者の承諾を經ることを要せず、次に辨濟受領の權限ある者は處分能力を有する債權者なり、代理人も亦債權の辨濟を受くることを得、受取證書の持參人も亦た給付を受くるの權限あるものと看做す、但給付を爲す者か知れる事情に依れば此の如き權限を認むることを得ざる場合に於ては此限に在らず。(獨逸民法第三百七十條)

代物辨濟と稱するもの即ち債權者が債務者の負擔したる給付に代へて他の給付を受けたるときは之に依りて債權は消滅す。(獨逸民法第三百六十四條)

債權者が遲滯に附せられたる場合に於ては、金錢有價證券及其他の證書並に高價物に付ては債務者は之を公設の供託者に供託して債務關係を消滅せしむるを得、供託は獨り債權者が受領に付遲滯にありたる場合に之を爲すことを得るのみならず、債權者の一身に存する其他の原因より又は債務者の責に歸すべからざる事由に因り、債權者を確知すること能はざるより義務を履行すること能はざるか又は安全に履行すること能はざる場合に於ても供託することを得。

相殺も亦債權を消滅せしむ。

相殺とは二人互に同種の目的を有する給付義務を有したるときは、各其債權を以て自己の債務の辨濟となし同時に其双方の給付義務を消滅せしむるを謂ふ、相殺は其双方の給付義務が同種のものならざるべからず、又其双方の給付義務が辨濟期に在ることを要す、蓋し一方は辨濟期に在るも他方は然らざるに於ては他方の債務者は期限の利益を失ふを以てなり、法律を以て相殺を禁せられたる債權は之を相殺することを得ず例へば獨逸民法第三百九十三條に於て、故意を以て爲したる不法行爲より生じたる債權に付ては相殺することを許さずと云ふが如き之なり、相殺は又双方の義務が之を爲すに適したる時に相當額に付て之を爲す、其他相殺の意思表示は條件付又は期限付なるを得ず。

債權は又免除に因りて消滅す獨逸民法に於ては債權の免除は契約に因るべきものとせり、是れ實に奇怪なる規定なりと謂はざるべからず、免除は一面より見れば財產權の抛棄に外ならず、然るに他人の同意を得るに非ざれば成立するを得ずとは他に例を見ざる所なり。

物權

第九節　占有

占有の本質

占有を說明するに先ちて吾人は物權の觀念を一言するの必要あり、物權とは前述の如く直接に物に對する支配關係を謂ふ、或は謂はん權利は人に對する關係にして物と人との間に權利關係成立することなしと、然りと雖とも物權は直接に物に對する支配關係なることを云ふも決して權利の觀念に矛盾するものに非ず、何となれば物に對する支配關係を一般世人に對抗することを得る點に於て、物權は權利なりと稱するを得ればなり。

占有は權利なりや事實なりやに付ては議論あり「デルンブルヒ」氏は其著「パンデクテン、レヒト」に於て左の如く論せり。

有體物と個人との關係を見るに二樣あり、一は事實上の關係にして卽ち占有なり他は法律上の關係にして所有權なり、占有とは事實上物を支配するの謂なり、世或は占有を以て權利と爲す者多しと雖ども是れ謬見なり、占有は權利以外に存在する一の現象にして偶々之に權利の連結せることあるに過ぎざるのみ、今

假りに吾人は天下の法規を悉く撤退したりとせん乎、而も占有は尚依然として存在し決して除斥せらるゝことなく、有體物上に行使する事實上の關係は却て永久に存續すべし、是れ實に吾人の生存をして安固ならしむるの要件なり、占有は有形的の關係なりと雖ども、敢て必ずしも五官の作用を必要なりとせず、故に今人あり土地の上に住居し或は手づから動產を握持し又は之を貯藏するが如きは直接五官の作用に依る者にして明かに占有なりと雖ども、若し夫れ遠隔せる土地其地上に遺忘せる農具及び積聚せる穀類の如きは五官の作用に依るものに非ずと雖ども尚之を占有と稱すべきなり、占有は亦決して一時的のものならざるべからず其有形的勢力は將來に亘りて確乎たるものありて初めて占有と稱するを得、有體物は永く吾人の權下に服し常に吾人の意思に從ふを要す、故に例へば露店に於て品物賣買を委託せられたる賣捌人は、其露店の品物に付て、稅關吏は官廳內の課稅品に付て、森林官は自己管轄內の森林及び其產物に付て何れも皆一時其權を行ふに過ぎざるを以て占有を有すと謂ふべからず、然れども亦占有は其有體物を支配するに於て決して他の擾亂を被ることなく、將來絕對

的安固なるを要するものに非ず、蓋し絶對的安固と謂ふが如きは到底不可能の事に屬す、故に只占有に於ては事物普通の經過に從ひ繼續して物を支配することと必要なり、然らば繼續して物を支配するとは何ぞや、有體物を保全し、天然力の弄する所とならず、人類の奪ふ所とならざるに在るのみ、秩序整然たる社會に於ては有體物が吾人の支配の下に在りと認め得べき場合には之れ已に繼續して物を支配すと謂ふを得、何となれば斯る社會に於ては敢て他人の物を侵すは人の潔しとせざる所なるを以てなり、事實上の支配たる占有より尚一層上に位するを法律上の支配即ち所有權となす、所有權は有體物上に全部の支配を要求するの權利なり、占有は之の支配に過ぎず、所有權と占有とは共存するを得又共存するを通例とす、然れども占有は占有權と一致するを要せず權利を有せず又之あることを信せず若は權利あるべしとの遁辭を有せずとも苟も有體物を支配せば占有者たることを得るなり、權利を有する者にして占有を缺く者は權利を有せざる占有者に對して自己の有體物の引渡を强制するを得べし、然れども之が爲めには先づ起訴して權利の處在を證明し勝訴したる後に非ざれば能はざ

るなり、其間は被告は猶占有を有するものなり、又原告が其權利を證明することを得ざる場合には被告は假令明に自己の權利は一も有する所なしと雖ども繼續して占有を保つものなり、故に古諺に曰く、占有は神聖なり (Beati possidenti) と、是れ日常吾人の經驗する所に非ずや、占有は權利よりして特立せるものなり、然れども占有が重大なる關係ある所以のものは之に伴ふ所の法律上の效果あるを以てなり (Jus possessionis)、其直接の效果は即ち占有訴權なり、他の效果は時效即ち之なり、蓋し現實に成立せる事實は遂に權利となり得べき當然の趨向を有すればなり。

以上は「デルンブルヒ」氏の占有の性質に關する所論の大要なり、即ち氏は占有を以て事實なりとし權利と區別し只之に伴ふて法律上の效果存在するものと爲せり、然るに之に反對するものは占有を以て權利と爲すに在り、權利說中占有を以て獨立の權利なりとするものと一種の所者權なりとするものとあり。

吾人は寧ろ占有は權利なりと謂ふの說に左袒せんと欲す、「デルンブルヒ」氏は占有は單に事實なりと稱す、然りと雖ども此事實を法律が認めて保護を與ふる以

上は單に事實たるに止まらずして權利となりたるものなりと謂はざるべからず、大凡そ權利の發生するや、法律が保護を加ふるに由る、物に對する事實上の支配を認めて法が之を保護する場合に於て何が故に權利の發生を否認せんとするか、占有に附着する法律上の効果を見るも、占有の權利なることを知るに餘りあり、又占有は其原因の正不正を問はずして保護を與ふるものなるを以て即ち正當の權利に反する場合あるが故に之を以て權利と稱すること能はずとの論は非なり、何となれば假令其原因の不正なるものと雖とも、社會の必要上之を保護して權利たらしむる場合は屢あるを以てなり、要するに權利と法律上の保護との間に一線を劃する「デンブルヒ」の說は解するに苦むものなり、氏は又曰く、天下の法を撤退するも事實たる占有は殘存すと、然れども之と同じく吾人が物を使用し收益し處分するの事實行爲は法を撤去するも尚存するに非ずや、然らば所有權は事實にして權利に非るか、是に於て乎知る占有を以て事實とするの論は深く思索し審に觀察せざるの結果なることを、法人は法の擬制なり、自然人は事實上生存して法の製作に非ずといふの類なり。

占有保護の理由

占有は權利なりとすれば、果して如何なる權利なりや、或は之を所有權の一種なりとするは誤れり、所有權は事實上物を支配することなきも尙存在するに反して、占有權は事實上物を支配するに非ざれば存在すること能はず、所有權には往往虛有權と稱するものありて使用收益を擧げて之を他人に移したる場合に於ても猶且存續す、然れども占有權は事實上の支配を失ふに至りたる瞬間を以て消滅す、故に到底占有權とは之を同一視すべからざるや勿論なり、獨逸民法第八百五十四條に於て物の占有が物の上に事實上の權力を取得するに因りて獲得すと謂ふは、正に占有が事實上の支配關係を證するものなり、又第八百五十六條に於て占有者が物の上に有する事實上の力を拋棄し又は其他の方法を以て事實上の力を喪失するときは占有は消滅すと規定したるを以て愈明なり、是に於てか占有は一種の物權にして事實上物を支配する力なりと謂ふの至當なるを知る。

占有は其原因の正不正を問はず之を保護するものなり、强窃盜者も猶其保護の利益を享受し得、然らば法律は一面に於て之を排除し之を處罰する事項を他の

一面に於て却て保護長生せしむ、抑此矛盾の由て來る所如何、此れ所謂占有保護の理由如何の問題にして説明を要する事項なり、但羅馬法學者にして此點に論及したる者殆ど之なく、近世に於て諸説紛々たるを見る(デルンブルヒ氏パンデクテン參照)「ベッケル」は論ずらく、占有保護の據處を哲學上論究するは不能のことなり、占有の保護は事實として存在するのみ、歴史法學派に屬する者は之を以て滿足せざるべからずと、然れども歴史法學派の鼻祖「サビニー」氏の如きは斯の如き膚淺の見解を以て滿足せず、既成現存の狀態に付て其極致を味はんとせり、占有保護の學説は大別して二にとなす、相對主義及絶對主義之なり、相對主義とは占有保護の原因を占有以外の關係に求むるものにして絶體主義とは占有自體に歸するものなり、相對主義に屬する「プフター」は論じて曰く、物上權が證明せらゝに至る迄占有を保護する所以は人格の要求に出づと、「サビニー」も亦占有の侵害は占有者を威壓し從て占有者を害すと、或は占有のある所は概ね所有權の存在を證するを以て之を保護すと唱ふる「イエリング」氏の如きあり、「シュミット」は自ら衞りて權利を改復するは、近世の法の禁ずる所にして、裁判所の力に依らざ

るべからず、他人の占有を侵害したる者は其正不正を問はず此禁止を犯したるものにして、法律は之に對して占有を保護せざるべからずと論じ、ウィンドンャイド」は占有の侵害は從來存立せる人類平等の狀態を覆す者なり、故に法律は占有者を保護して原狀に恢復せざるを得ず即ち占有を保護するは人類平等を保護するの結果なりと說けり、絕對主義中意思主義と稱する者あり、曰く占有に於ける法規と、絕對に背反するものなる場合に於ても意思の一般性質上之を保護せざるべからず蓋し吾人の意思は其本質上自由なるものにして之が自由を承認するは法の大觀なり意思に對して强制を加ふるは意思の適法たると否とを問はず不法にして占有保護の理由玆に在りと。

吾人は絕對主義及び相對主義を列擧したるを以て最後に吾人の意見を述べざるべからず、占有保護の理由は一言以て之を掩へば、蓋し社會上の必要に基くのみ、法律が一の事實を認めて之を保護するは、社會の秩序を保維するに於て必要なり、占有の保護は人格の要求に非ず、又占有者の威壓を除去する爲めに非ず、又占有の在る所所有權の存するは通例なるを以て占有保護は所有權保護なりと

云ふが如きは非なり即はち明に所有權なき場合に於ても猶且占有を保護するを以てなり、又自衞の禁を犯したる者に制裁を與ふる所以なりと稱する說も占有が不法行爲に因らざる場合を說明すること能はず、或は人類平等の狀態を維持すと唱ふるも平等の狀態とはそも〳〵何ぞや未だ盡せりと謂ふべからず、最後に自由意思說に至りては深く之れを駁せずして其非なるを知るに難からず、要するに占有保護の理由は社會上の必要以上に遡るの理由なきを信ぜんと欲す。

第十節　所有權

所有權とは何ぞや「チボウ」は其著「パンデクテン」に於て曰く、所有權とは其性質上無條件の權力を指示すと「ボエキング」も亦曰く所有權の本質は抽象にして且主體の私法上の支配の不定なるに存すと「ウィンドンシャイド」は所有權を以て無制限なりと稱せり、然りと雖ども所有權は無制限なるものに非ず之に對して法律上種々の制限あり即ち所有權は法律上種々の制限あるものなり只他の權利に比

して制限少きに過ぎざるのみ、又主體の支配は多種多樣にして私法上定まる所なしと稱するが如き無條件の權力なりと稱するが如き同じく所有權の本質を說明し得たりと稱すること能はず、所有權は時に依り處に依り其社會の必要に應じて種々の制限を受くることを甘んぜざるべからざるは明なり、其他完全支配權と稱するが如きも正當に非ず。

所有權は一般支配權と稱することを得べし、一般支配權とは其支配の使用收益處分等各方面に亘るを謂ふ、然れども之が爲めに法律上の制限あることを閑却するものに非ず、或は曰く所有權の最も完全なるものに至りては有體物に對する一般支配權たることを得べし、此場合に於ては其使用收益處分占有等を爲すことを得べし、然りと雖ども使用貸借を爲したるが如き場合に於ては、所有權者は使用收益權なきに非ずや、若し夫れ虛有權(Nsida proprietas)と稱する場合に於ては所有權者に收益權を有せしめず、其他處分權禁止の所有權あり、此等の場合に於ても所有權は一般支配權たることに於て何等の妨げあることなし、何となれば若し一般支配權に對する此等の制限にして一朝消滅するに至れば、所有權は

忽にして以前の狀態に復歸し各方面に亘る支配を許すに至るべければなり、所有權以外の權利に於ては、如何に其制限を撤去するも、決して一般支配權たるを得ざるに反し、所有權は假令一時制限を蒙る場合に於ては、他の物權と支配の程度を異にせざるが如き場合に於ても制限の消滅は以前の一般支配權を喚起す、之を稱して所有權の彈力性と謂ふ、換言すれば所有權は制限を撤去すれば膨脹するの性質を具ふと雖ども、他の權利に於ては斯ることなし、一般支配權の制限を受けたる場合は睡眠の狀態なり覺醒するに於ては活動す。

所有權の本質は余輩は實に斯くの如きものなりと解す、獨逸民法第九百三條に於ては、物の所有者は法律又は第三者の權利に牴觸せざる限度に於て、任意に之を支配し一切他人の干涉を排斥する權利を有すと規定せり、之れ裏面に於て所有權の定義を掲げたるものなり、故に所有權は無制限なるものに非ざることを知るべし、即ち第一に法律の制限あり又第三者の權利より生ずる制限あり、其他行政處分より來る制限あるは勿論なり、獨逸民法第九百四條以下に於ては所有權の制限を規定せり今茲に之を詳論せず。

次に所有權取喪を論ずべし。

土地に對する所有權の讓渡を述れば、獨逸民法第八百七十三條に依りて、土地に對する權利の移轉は權利者及び他の當事者が權利變更の合意を爲し且つ土地臺帳に登記することを要す、而して第九百二十五條に依れば土地に對する所有權の讓渡に必要なる讓渡人及び讓受人の合意は、兩當事者共に同時に土地臺帳掛の面前に出席して之を表示せざるべからず。

他人が土地に付三十年間所有の意思を以て占有を爲したるときは、公示催告手續に依りて土地所有者の權利を排斥することを得、占有の時の計算は動產の取得時效と同一の時に依る（獨逸民法第九百二十七條）。

土地に對する所有權の拋棄は、土地臺帳掛に其意思を表示し且其旨土地臺帳に登記して之を爲す、拋棄せられたる土地は土地所在州の國庫が之を先占する權利を有し、國庫は土地臺帳に所有者たることを登記して其所有權を取得す。

獨逸民法に於ては動產に對する所有權の取得及び喪失の方法として讓渡、取得時效、附合、混合、製造、產出物及び其他物の成分の取得、先占、發見を規定せり、動產に

對する所有權の讓渡は、所有者が物を讓渡人に引渡し且所有權の移轉の合意あることを要す、若し讓受人が旣に物を占有するときは、所有權移轉の合意を以て足る(獨逸民法第九百二十九條)、即ち要件として第一讓渡人は所有者ならざるべからず若し然らずとすれば何人も自己の有する權利以上を他人に移轉すること能はざるを以て、讓受人は所有權を取得すること能はず、結局所有權の讓渡なるものあることとなし、第二に讓渡に付合意なかるべからず即ち所有者は物に對する一般支配を移轉し、讓受人は之を得るの意思を要す、第三に占有の移轉なかるべからず。

獨逸民法第九百三十七條に依れば、動產の取得時効は十ケ年なりとせり、然れども取得者が占有取得の際に善意ならざるとき又は後に至りて惡意となりたるときは取得時効を發生せざるものとす、即ち動產の取得時効に三要件あり、一、占有者が取得の際又は其後に至るまで善意なること、二、所有者たるの意思を以て占有すること故に所有權者以外の意思を以て占有を爲したるときは此要件を缺く、三十年間繼續して占有を爲すこと之なり。

動產が土地と附合し土地の重要成分を爲すに至りたるときは、土地所有權は其動產に及ぶものとす(獨逸民法第九百四十六條)。

數個の動產が附合して合成物の重要成分を爲すに至りたるときは、各動產の所有者は合成物の共有者となる、持分は附合の當時に於ける動產の價格の割合に依りて之を定む、且數個の動產中一個を主物と看做すことを得るときは、主物の所有者が合成物の所有權を取得するものとす(獨逸民法第九百四十七條)。

數個の動產が混合して分離すること能はざるに至りたるときは、數個の動產の附合の規定を準用するものとす、混合したる動產を分離するに不相當の費用を要するときは分離すること能はざると同一に看做す。

無主の動產を所有の意思を以て占有する者は其物に對する所有權を取得す、之れ即ち先占なり、先占が法律上禁ぜられたる場合又は動產を握持するに由りて他人の占有權を侵害する場合には所有權を取得するを得ず、先占が法律上禁ぜられたる場合は論ずるの必要なし、若し他人が旣に占有權を取得したる動產に付ては先占の成立すべからざるや勿論なり、先占は最先の占有を以て要件とな

せばなり、所有者が所有權を拋棄する目的を以て物の占有を拋棄したるときは其動產は無主となる、野獸は自由なる間は無主とす、捕獲せられたる野獸は、再び自由を取得したる場合に於て所有者が遲滯なく之を追跡せざるとき又は追跡を拋棄したるときは無主となる、馴らされたる動物は其定められたる地に歸來する習慣を失ひたるときは無主となる、又獨逸民法に於ては蜜蜂に付て詳細なる規定を設けたり。

遺失物を發見したる者は、警察署に屆出たる後一ヶ年の滿了を以て物に對する所有權を取得す。

共有權の性質を論ず。

所有權は其本義に從へば一般支配權にして一物の上には只一個のみ存在するを得、一人が物上に法律上の一般支配權を有せば、他人は同時に此物の上に他の法律上の一般支配權を有するを得ず一の支配は他の支配を除斥す、一物が余に屬すといふは當然他人に屬せずとの消極的の意義を有す、故に今一物に付ての訴訟に於て原告が物の所有者なりとの判決ありたるときは、之と同時に被告に

對して其所有權を非認するの結果を生ず、又第三者に屬する物を取得する法律上の事實は一方に於て所有權喪失なる法律上の事實を生ず。

所有權は以上の如き性質を有せるものなるに拘らず立法者が同一物に就て同時に數人に屬する數個の所有權あるを認めたる例「ローマ」法にあり。

昔時「ローマ」に於ては唯一の所有權ありしのみにして、之を有し得る者は「ローマ」市民のみ、所謂 Dominium civile と稱せしもの之なり、然るに共和政治に至りて「ローマ」市民の有する所有權と共に他の一種の所有權發達したり、所謂 Dominium naturale 之なり、是に於て一物の上に同時に一人に市民法上の所有權成立し、他人に萬民法上の所有權成立するを得たりき、されど斯る非常なる變例は到底永續すべきに非ず、又事實を省れば萬民法上の所有權者のみ獨り所有權の實を有し、市民法上の所有權者は名目の外何物をも有せざるに至れり、遂に「ユスチニアン」は「ローマ」法上の所有權を廢しぬ、是に至りて所有權が他の所有權を排斥するの實を明にせり。

前揭の如く一個有體物上に二個以上の所有權を許さずと雖ども、一個の所有權

を數人が有するは可能の事に屬す、吾人は之を稱して共有權と謂ふ、共有權は所有權なり、決して所有權の一種特別なるものに非ず、共有權の本質は一般支配權なるのみ。

共有者間相互の關係を述ぶべし。

一、持分權の行使、共有者間相互の關係は共有者の一人は他の共有者の同意なくして物上に勢力を及ぼすを得ざるにあり、此際共有者の一人がいかに多く自己の持分を有するも他の共有者の同意を乞はざる可からず、又多數を以て決するを得ず。

二、持分權の競合、共有者は各自其持分權に制限せらる、共有權は畢竟するに之等持分權の競合に依りて成立す、故に若し之等の競合なかりせば各共有者は全く物を支配するに至るべし。

物に對する各共有者の關係を述ぶべし。

共有關係に於て各共有者は一物の有形上の部分に付て各自所有權を有するに非ず、此の如きは共有に非ずして各自特別の所有權を有し數個の所有權存立す

る場合なり、共有に於ては然らず、一個の所有權存立するのみにして各共有者は各自己の持分に應じて物の如何なる最少部分に迄も所有權を有するものなり。持分とは何ぞや分割せられたるものは何なりや、論者或は物の思想上の分割なりと云ふ、されど此觀念は正鵠を得たりと謂ふ可からず、抑も有形物は之を有形的に、分割することを得べきのみ、之に對して思想上の分割と謂ふが如きは殆ど無意義なりと謂はざるべからず。

共有の場合に於て分割せられたるものは物に非ずして所有權なり、勿論各共有者は所有權の効果たる支分權の各種を分割せるに非ず所有權は各共有者間に決して其內容を分割せられたるに非ず。

共有の場合に於て分割せられたるものは所有權の範圍なり、所有權の行使範圍なり、甲乙の二人一乘馬を共有せる場合に甲は一日乘り乙は二日騎するが如き是れ豈所有權行使範圍の制限に非ずや。

要之共有權とは數人が一物に對して其持分に應じ有する所有權なり。

第十一節　地上權

地上權とは他人の地面の上下に工作物を所有する權利なり、之れ獨逸民法第一千十二條に依りて明なり、羅馬法の觀念に於ては、土地に定着したる物は土地の一部と見るが故に他人の土地の上に工作物を使用するが如きは到底能はざりし所なりしなり、即ち土地の所有者のみ獨り其地上及地下に工作物を所有することを得たりしなり、然りと雖ども後世土地の價漸次騰貴するに至りて此制度は非常なる不便を感じたるを以て、終に工作物の所有者と土地の所有者とを異にすることあるも妨げざるに至り、茲に初めて地上權の發生を見るに至れり、斯くの如く地上權は他人の土地を使用する權利にして其權利は之を處分し且相續することを得、他人の土地使用の目的は工作物を地面の上下に使用せんが爲めなり、例へば家屋監視塔井戸地窖を所有するが如し、然れども地上權は建物の一部殊に層樓の一部に之を制限するを許さず（獨逸民法第一千十四條）。

地上權は契約に因りて之を設立することを得るは勿論なりと雖ども、當事者の

合意は双方共に土地臺帳權の面前に同時に出頭して之を表示せざるべからず、地上權は又遺言に依りて之を設定することを得、其他時効に依りて之を取得することを得。

地上權者は土地に付て如何なる占有權を有するやと謂ふに地上權行使に付ては自ら占有權を有す、即ち地上權の範圍内に於て自ら土地を占有せるものなりと謂はざるべからず、然れども所有權に付ては地上權者は所有者の代理占有を爲すものなりと信ず。

地上權の消滅の原因は設定の際定めたる時の經過に依るあり、特別に定めたる事由の發生例へば數年間地代を支拂はざるに依るあり、地上權は又之を抛棄することを得るは、一般財産權と同じ、其他土地の消滅したる場合又は消滅時効の完成に依る。

第十二節　役權

役權とは一定の土地又は人の利益の爲めにする他人の物の上に存する權利を

謂ふ。

役權は一定の土地の爲めに利益を供すると、一定の人の爲めに利益を供するとに依りて之を分て二となす。

一、土地の爲めに利益を供する場合に於ては其土地を所有するに至りたる者は何人と雖も役權の權利者となるものなり、獨逸民法第千十八條に於て規定して甲地の所有者となりたる者は、何人と雖も各個の關係に於て乙地を利用し又は乙地の上に於て或る行爲を爲すことを禁止し又は乙地の所有權よりじて甲地に對して生じたる權利を行使せしめざることを得(地役權)と稱せり、地役權は即ち要役地(Praedium dominans)の爲めに承役地(Praedium serviens)を使用するものなり、土地の効用は一個孤立にては完全なること能はず、他の土地を使役して初めて其効用を全うするを以てなり、即ち他の土地を通行し或は觀望する爲めに一定の高さを超ゆる建造物を他の土地の上に作らしめざるが如き之なり、地役權に付ては獨逸民法第千十八條乃至千二十九條に規定せり。

二、一定の人の爲めに他人の土地を使役する場合に於ては之を稱して、對人役權

と謂ふ、之に屬するものは用益權(Nieszbrauch, ususfructus)の親族法上重要となりたる權利及び制限的對人役權(Beschränkter persönlicher Nieszdauch)となす、用益權に付ては獨逸民法に於て物に對する用益權(第千三十條乃至第千六十七條)、權利に對する用益權(第千六十八條乃至第千八十四條)及び財產に對する用益權(第千八十五條乃至第千八十九條)に分ちて之を規定せり制限的對人役權は第千九十條乃至第千九十三條に規定せり。

對人役權に於ては其權利者は一定の人にして地役權の如く何人と雖も要役地を所有する者が其權利者たるが如きものにあらず、例へば權利者は農民甲又は農民乙の寡婦と稱するが如し、即ち權利者は此一定の人に限り如何に長く存在するも其人の生涯を超ゆること能はず、換言すれば地役權は其存在永久なるを得べきも對人役權は然ること能はざるの差あり。

第十三節　先買權

獨逸民法に一種の他物權として先買權を規定せり、先買權とは甲なる土地を先

買する物權なり、先買權は又他の土地例へば乙なる土地の所有者たる者は何人にても之を有するが如くに設定することを得、一の土地の一部は共有者の持分なるときに限りて先買權を設定することを得、又先買權は土地と共に賣却せらるべき從物にも及ぼすことを得、而して先買權が從物に及ぶの推定を受くるものとす、獨逸民法に於ては第千九十四條乃至第千百三條に先買權に關する規定を設けたり。

第十四節　土地負擔

土地負擔とは負擔を有する土地の占有者が負擔の利益を負ふる者に定期の給付を支拂ふの義務を負ふを謂ふ、而して斯くの如き給付に對する權利は全般に之を見れば、物權的性質を有す即ち恰も土地が自ら負擔を有するが如し、然れども其各個の給付は債務的性質を有し滿期日に於て土地の占有者又は所有者たりし者は滿期日より債務を負ふ者なりとす、例へば土地利息、年金、養老權の如き之に屬す、獨逸民法第千百五條乃至第千百十二條に於て之が規定を設けたり。

第十五節　抵當權

抵當權とは債權者が辨濟として土地より一定の金額の支拂を受くる權利を謂ふ。

抵當權は占有を權利に移轉せざるなり、之れ即ち擔保に供せられたる土地の所有權者をして其使用及び收益を爲すことを得せしむるものなるを以て占有を移すと異なりて最便利なる方法として行はるゝ所以なり、又抵當權の目的は土地たることを要す、獨逸民法第千百十三條に於て土地より一定金額の支拂を受く云々と規定するを以て之を知るを得べし。

抵當權は條件付債權を擔保するが爲めにも之を設定することを得るは勿論なり、加之抵當權は未來の債權の爲めにも亦之を設定することを得、或は抵當權は從たる物件にして主たる債權に附隨するものなるが故に主たる債權なくして獨り存することと能はずとの議論あるや知るべからずと雖も、從たる物權の意義は爾く狹義に解釋すべきものに非ず、從たる物權とは其主たる債權以上に超え

て其權利の範圍を大ならしむる能はずとの意義にして決して未來の權利を擔保することを得ざるに非ず、未來に於て債權が發生したる場合に之を擔保する爲め今より擔保を設定し置くこと少しも不都合なることなし、獨逸民法第千百十三條に於ては將來の債權の爲めに抵當權を設定することを得と明記せり。

第十六節　質權

一、動產に對する質權。

動產に對する質權とは債權の擔保に存せられ動產より辨濟を求むる物權なり、質權は債務の擔保に供せらるゝ權利なり、換言すれば從たる物權なり即ち質權は主たる債權の爲めに存在するものにして主たる債權が消滅すれば從たる物權も亦直に消滅す。

動產質權は物權なり、即ち質權者は其動產の上に直接の支配を有し若し債權が辨濟せられざるときは之を賣却して辨濟に充つることを得、動產質權は物權なるが故に所有者變更するも之を對抗することを得、又先に設定したる債權は後

に設定したる質權に勝つ或は質權は物に對する債權なりと論ずるものあり、然りと雖も物は債務者たることを得ざるなり。

動産質權設定には占有の移轉なかるべからず、獨逸民法第千二百五條に所有者が物を債權者に交附し云々と稱するもの之なり、即ち此契約は要物契約なり、又質權設定は當事者の合意を要す、同條に於て所有者及び債權者か質權が債權者に屬すべきことを合意することを要すと規定するもの之なり、契約には債權を生ずるもの及物權を生ずるものあり、例へば使用貸借消費貸借の契約の如きは債權を發生するものなりと雖ども質權設定契約は其名の如く質權なる物權を發生す。

動産質權に於ては質權者が質物の收益を爲すことを得るを定むることを得。
二、權利に對する質權。
權利に對する質權とは債權の擔保に供せられ權利より辨濟を求むる物權なり、吾人は物權とは直接に物に對する支配權なることを前述せり、然るに玆に至りて物權として權利質を擧ぐるは甚奇異の感を起さしむるを想はずんばあらず、

然りと雖ども之れ獨逸民法其ものゝ矛盾にして敢て吾人が論理の誤謬に陷りたるに非ず權利質は物權として之を規定するの便宜なるを知りて法典は遂に此矛盾を敢てせりと謂ふの外なからん。

權利質中債權質の性質に付ては「デルンブルヒ」氏の如きは之を質權に非ず、一定の制限を附したる債權の讓渡なりと論せり、即ち質權の目的の範圍內に行はるる債權讓渡なりとせり、然りと雖ども獨逸民法に於ては之を債權讓渡の章に規定せず却て質權の章に規定せるを以て見れば質權たることと窺知するに難からず。

獨逸法終

獨逸法奥付並製

明治四十年十一月二十四日印刷
明治四十年十一月二十八日發行

定價金四十錢

編者　宮内國太郎
東京市日本橋區本町三丁目八番地

發行者　大橋新太郎
東京市日本橋區本町三丁目八番地

印刷者　市川七作
東京市小石川區久堅町百〇八番地

印刷所　博文館印刷所
東京市小石川區久堅町百〇八番地

發兌元　東京市日本橋區本町三丁目　博文館

每編諸大家執筆
全部二百冊ニテ完結

帝國百科全書
総目録并ニ分類目次

定價	
特製	並製
●一册金五拾五錢●十册金五圓●二十五册金拾貳圓●百册金四拾五圓●全部二百册金八拾八圓	●一册金四拾錢●十册金參圓七拾錢●二十五册金八圓八拾錢●五十册金拾七圓●百册金參拾參圓●全部二百册金六拾五圓
郵稅—一册ニ付—金拾錢	郵稅—一册ニ付—金八錢

總目錄

▲分類目錄

●ハ既刊ノ分　○ハ續刊ノ分

○歷史科

- ● 日本歷史　文學士 木寺柳次郎君著
- ● 東洋歷史　文學士 幸田成友君編
- ● 西洋歷史　文學士 吉國藤吉君著
- ● 朝鮮史　文學士 久保天隨君著
- ● 北米合衆國史　法學士 山本信博君著
- ● 露國侵畧史　法學士 須崎芳三郎君著
- ● 世界殖民史　法學士 山內正瞭君著
- ● 現代露西亞　法學士 須崎芳三郎君著
- ● 世界文明史　文學博士 高山林次郎君著
- ● 日本文明史　文學士 大町芳衞君著
- ● 支那文明史　文學士 白河次郎 國府種德 君著
- ● 印度文明史　文學士 常盤大定君著
- ● 日本風俗史　文學士 坂本健一君編
- ● 日本儒學史　文學士 久保天隨君著
- ○ 近世儒學史　文學士 久保天隨君著

一一七 日本儒學史
一一八 日本佛教史
一一九 園藝各論
一二〇 食物論
一二一 兒童心理學
一二二 一二三 世界美術史 上下
一二四 經濟政策概論
一二五 政治學史
一二六 獸醫學汎論
一二七 應用定量分析
一二八 宗教進化論
一二九 朝鮮史
一三〇 佛教哲學汎論
一三一 社會倫理學
一三二 進化論
一三三 鑛物學

一三四 韓國新地理
一三五 清國商業地理
一三六 西洋音樂史
一三七 近世美術史
一三八 日本文學史
一三九 普通人類學
一四〇 高等天文學
一四一 一四二 普通物理學 上下
一四三 處世哲學
一四四 國家學
一四五 政治學
一四六 近世心理學
一四七 最新教育學
一四八 日本口語文典
一四九 佛教倫理學

一五〇 視話音字發音學
一五一 佛教美術
一五二 印度文明史
一五三 動物發生學
一五四 文學概論
一五五 藝術論
一五六 最新西洋哲學史
一五七 一五八 言語學 上下
一五九 世界文學史
一六〇 英國文學史
一六一 比較宗教學
一六二 日本文章史
一六三 北米合衆國史
一六四 經濟學史
一六五 外國貿易原論

一六六 世界產業制度論
一六七 最新電氣學
一六八 教育原理
一六九 認識論
一七〇 美術概論
一七一 儒教哲學概論
一七二 近世儒學史
一七三 獨逸法
一七四 英米法
一七五 現代支那語學
一七六 一七七 純正哲學 上下
一七八
一七九
一八〇
一八一
一八二

一八三
一八四
一八五
一八六
一八七
一八八
一八九
一九〇
一九一
一九二
一九三
一九四
一九五
一九六
一九七
一九八
一九九

二百編ニテ完結

○地理科

- 日本新地理　理學士　佐藤傳藏君著
- 萬國新地理　理學士　佐藤傳藏君著
- 政治地理學　法學士　山本信博君著
- 商工地理學　法學士　永井惟直君著
- 韓國新地理　文學士　田淵友彥君著
- 清國商業地理　法學士　勝部國臣君著

○農科

- 農學汎論　農學士　恩田鐵彌君著
- 農政學　農學士　石坂橘樹君著
- 農業經濟學　農學博士　横井時敬君著　農學博士　澤村眞君著
- 土地改良論　農學士　上野英三郎君　農學士　有働良夫君著
- 稻作改良論　農學博士　横井時敬君著
- 農產製造學　農學士　楠巖君編
- 農用器具學　農學士　西村榮十郎君著
- 肥料學　農學士　木下義道君著
- 農藝化學　農學士　井上正賀君著

- 黴菌學　農學士　井上正賀君編
- 氣候及土壤論　農學士　佐々木祐太郎君著
- 食物論　農學士　井上正賀君著
- 昆蟲學　理學博士　佐々木忠二郎君著
- 森林學　林學士　奥田貞衞君著
- 森林保護學　林學士　新島善直君著
- 提要造林學　林學博士　本多靜六君著
- 栽培汎論　農學博士　横井時敬君著
- 改訂増補栽培各論　農學士　田中節三郎君著
- 養蠶及製絲論　農學士　井上正賀君著
- 園藝通論　農學士　高橋久四郎君著
- 園藝各論　農學士　高橋久四郎君著
- 畜產汎論　農學士　高見長恒君著
- 畜產各論　農學士　田口晉吉君編
- 水產學　農學士　塚本道遠君　農學士　井上正賀君著
- 家禽學　農學士　月田藤三郎君著
- 乳業　獸醫學博士　津野慶太郎君著
- 獸醫學汎論　獸醫學士　小倉鉀太郎君著

○工科

- 分析化學　工學士 内藤游君・工學士 藤井光藏君 編
- 應用化學　工學士 蜂屋貞興君著
- 應用機械學　工學士 重見道之君著
- 新撰應用重學　理學士 刈谷他人次郎君著
- 應用定量分析　仙臺醫學專門教授 須田勝三郎君著
- 工業政策　法學士 窪田隆次郎君著

○商科

- 商業經濟學　法學士 淸水泰吉君著
- 商法汎論　法學士 添田敬一郎君著
- 銀行新論 附外國爲替論　法學士 野口弘毅君著
- 保險通論　理學士 奥村英夫君著
- 金融論　法學士 佐々木雄二郎君著
- 運送法　法學士 菅原大太郎君編
- 船舶論　法學士 赤松梅吉君著
- 稅關及倉庫論　法學士 岸崎昌君著
- 外國貿易原論　法學士 野坂嘗治君・法學士 辻宏吉君 著

○政治科

- 政治學　法學士 南弘君編
- 政治汎論　法學士 永井惟直君著
- 政治學史　法學士 津田欽一郎君著
- 政治史　法學士 森山守次君著
- 日本帝國憲法論　法學士 田中次郎君著
- 議院法提要　法學士 工藤重義君著
- 議會及政黨論　法學士 菊地學而君著
- 國家學　法學士 南弘君編
- 國法學　法學士 岸崎昌君・法學士 中村孝君 著
- 行政法汎論　法學士 小原新三君著
- 行政法各論　法學士 小原新三君著
- 行政裁判法論　法學士 小林魁郎君著
- 最近外交史　法學士 原田豐次郎君著

○經濟科

- 經濟汎論　法學士 池袋秀太郎君著
- 經濟學史　法學士 小川市太郎君著

- ●經濟政策概論　法學士　守屋源次郎君著
- ●財政學　法學士　笹川潔君著
- ●最新統計學　法學士　夏秋龜一君著
- ●世界產業制度論　法學士　相良維男君著

○法律學科

- ●法理學　法學士　丸山長渡君著
- ●法律汎論　法學士　熊谷直太君著
- ●民法（總則編物權編）釋義　法學士　丸尾昌雄君著
- ●民法債權編釋義　法學士　丸尾昌雄君著
- ●民法（親族編相續編）釋義　法學士　上田豐君著
- ●民事訴訟法釋義　法學士　梶原仲治君著
- ●刑事訴訟法論　法學士　溝淵孝雄君著
- ●國際公法　法學士　熊谷直太君　法學士　北條元篤君譯
- ●國際私法　法學士　中村太郎君著
- ●獨逸法　法學士　宮內國太郎君著
- ●英米法　法學士　永井亨君著
- ●日本法制史　法學士　三浦菊太郎君著
- ●支那法制史　文學士　淺井虎夫君編

○文學科

- ●文學概論　文學士　太田善男君編
- ●日本文學史　文學士　林森太郎君著
- ●支那文學史　文學士　笹川種郎君著
- ●英國文學史　文學士　栗原基君　文學士　藤澤周二君編
- ●世界文學史　文學士　橋本忠夫君著
- ●日本文章史　文學士　大町桂月君著
- ●修辭學　文學士　武島又次郎君著
- ●解說批評日本文典（上下二冊）　文學士　岡田正美君著
- ●邦語獨逸文章論　文學士　青木昌吉君編
- ○國語學史　文學士　小原要逸君著

○語學科

- ●言語學（上下二冊）　文學博士　金澤庄三郎君　文學士　後藤朝太郎君譯
- ●視話音字發音學　文學博士　遠藤隆吉君著
- ●日本口語文典　文學士　鈴木暢幸君著
- ●邦語英文典　文學士　畔柳都太郎君編
- ●邦語獨逸文典　文學士　青木昌吉君著

●邦譯 佛蘭西文典（上下二冊）　文學士　松井知時君編
○現代支那語學　文學士　後藤朝太郎君著

○數學科

●新撰算術　理學博士　高木貞治君著
●新撰代數學　理學博士　高木貞治君著
●新撰幾何學　理學士　林鶴一君著
●新撰解析幾何學　理學士　松村定次郎君著
●新撰三角法　理學士　松村定次郎君著
●新撰微分積分學　理學士　松村定次郎君著

○理學科

●普通物理學（上下二冊）　理學士　福井政一君編
●最新電氣學　理學士　萩原挙吉君編
●有機化學　理學士　龜高德平君編
●無機化學　理學士　眞島利行君編
●衞生化學　仙臺醫學專門教授　須田勝三郎君著
●日用化學　農學士　井上正賀君編
●星學　理學士　須藤傳次郎君著
●高等天文學　理學士　一戸直藏君著

●地文學　理學士　吉田弟彦君著
●近世氣象學　理學士　岡田武松君編

○博物學科

●新撰動物學（上下二冊）　理學士　會田龍雄君著
●動物發生學　理學士　飯塚啓君著
●植物學新論　理學士　飯塚啓君著
○植物生理學　理學博士　三宅驥一君著
●植物病理學　農學博士　大森順造君　農學士　山田玄太郎君著
●植物營養論　農學博士　稻垣乙丙君述
●鑛物學　理學士　八谷彪一君著　理學士　大築佛郎君著
●地質學　理學士　佐藤傳藏君著
●普通人類學　理學博士　坪井正五郎君閲　八木奘三郎君著

○哲學科

●哲學汎論　文學士　藤井健治郎君譯
●純正哲學　文學博士　井上圓了君譯
●處世哲學　文學士　杉谷泰山君述
●西洋哲學史　文學博士　蟹江義丸君著

- 最新西洋哲學史　文學士　岡島誘君著
- 支那哲學史　文學士　中内義一君著
- 宗教哲學　文學博士　姉崎正治君譯
- 佛教哲學汎論　文學士　石原即聞君著
- 儒教哲學概論　文學士　蜷川龍夫君著
- 心理學　文學士　速水滉君著
- 近世心理學　文學士　德谷豐之助君編
- 兒童心理學　文學士　松本孝次郎君著
- 論理學　文學博士　高山林次郎君著
- 倫理學　文學博士　蟹江義丸君譯
- 東洋西洋倫理學史　文學博士　井上哲次郎君閲　文科卒業　木村鷹太郎君著
- 社會倫理學　文學士　德谷豐之助君著
- 佛教倫理學　文學士　蜷川龍夫君著
- 社會學　文學士　十時彌君譯
- 認識論　文學士　淀野耀淳君編
- 進化論　文學士　十時彌君編

○宗教學

- 日本佛教史　文學士　石原即聞君著
- 世界宗教史　文學士　加藤玄智君譯
- 比較宗教學　文學博士　南條文雄君譯
- 比較神話學　文學士　高木敏雄君譯
- 世界宗教制度論　法學士　工藤重義君編
- 宗教進化論　文學士　融道玄君譯

○美學科

- 近世美學　文學博士　高山林次郎君編
- 美術概論　文學士　吉川秀雄君著
- 佛教美術　文學博士　前田慧雲君編
- 世界美術史（上下二冊）　文學士　小川銀次郎君編
- 近世美術史　文學士　小川銀次郎君編
- 藝術論　文學士　有馬祐政君譯
- 西洋音樂史　文學士　石倉小三郎君著

○教育學科

- 教育原理　ドクトル ヒロソヒー　尺秀三郎君著
- 教育學　文學士　熊谷五郎君編
- 最新教育學　文學士　中村寅松君編
- 東洋西洋教育史　文學士　中野禮四郎君著

獨逸法　　日本立法資料全集　別巻 1149

平成29年 3 月20日　復刻版第 1 刷発行

著　者　宮　内　國　太　郎

発行者　今　井　　　貴
　　　　渡　辺　左　近

発行所　信　山　社　出　版

〒113-0033　東京都文京区本郷 6 - 2 - 9 -102
モンテベルデ第 2 東大正門前
電　話　03（3818）1019
F A X　03（3818）0344
郵便振替　00140-2-367777（信山社販売）

Printed in Japan.

制作／(株)信山社，印刷・製本／松澤印刷・日進堂

ISBN 978-4-7972-7259-8 C3332

別巻　巻数順一覧【950～981巻】

巻数	書名	編・著者	ISBN	本体価格
950	実地応用町村制質疑録	野田藤吉郎、國吉拓郎	ISBN978-4-7972-6656-6	22,000円
951	市町村議員必携	川瀬周次、田中迪三	ISBN978-4-7972-6657-3	40,000円
952	増補 町村制執務備考 全	増澤鐵、飯島篤雄	ISBN978-4-7972-6658-0	46,000円
953	郡区町村編制法 府県会規則 地方税規則 三法綱論	小笠原美治	ISBN978-4-7972-6659-7	28,000円
954	郡区町村編制 府県会規則 地方税規則 新法例纂 追加地方諸要則	柳澤武運三	ISBN978-4-7972-6660-3	21,000円
955	地方革新講話	西内天行	ISBN978-4-7972-6921-5	40,000円
956	市町村名辞典	杉野耕三郎	ISBN978-4-7972-6922-2	38,000円
957	市町村吏員提要〔第三版〕	田邊好一	ISBN978-4-7972-6923-9	60,000円
958	帝国市町村便覧	大西林五郎	ISBN978-4-7972-6924-6	57,000円
959	最近検定 市町村名鑑 附 官国幣社 及 諸学校所在地一覧	藤澤衛彦、伊東順彦、増田穆、関惣右衛門	ISBN978-4-7972-6925-3	64,000円
960	鼇頭対照 市町村制解釈 附 理由書 及 参考諸布達	伊藤寿	ISBN978-4-7972-6926-0	40,000円
961	市町村制釈義 完　附 市町村制理由	水越成章	ISBN978-4-7972-6927-7	36,000円
962	府県郡市町村 模範治績　附 耕地整理法 産業組合法 附属法令	荻野千之助	ISBN978-4-7972-6928-4	74,000円
963	市町村大字読方名彙〔大正十四年度版〕	小川琢治	ISBN978-4-7972-6929-1	60,000円
964	町村会議員選挙要覧	津田東璋	ISBN978-4-7972-6930-7	34,000円
965	市制町村制 及 府県制　附 普通選挙法	法律研究会	ISBN978-4-7972-6931-4	30,000円
966	市制町村制註釈 完　附 市制町村制理由〔明治21年初版〕	角田真平、山田正賢	ISBN978-4-7972-6932-1	46,000円
967	市町村制詳解 全　附 市町村制理由	元田肇、加藤政之助、日鼻豊作	ISBN978-4-7972-6933-8	47,000円
968	区町村会議要覧 全	阪田辨之助	ISBN978-4-7972-6934-5	28,000円
969	実用 町村制市制事務提要	河邨貞山、島村文耕	ISBN978-4-7972-6935-2	46,000円
970	新旧対照 市制町村制正文〔第三版〕	自治館編輯局	ISBN978-4-7972-6936-9	28,000円
971	細密調査 市町村便覧（三府 四十三県 北海道 樺太 台湾 朝鮮 関東州） 附 分類官公衙公私学校銀行所在地一覧表	白山榮一郎、森田公美	ISBN978-4-7972-6937-6	88,000円
972	正文 市制町村制 並 附属法規	法曹閣	ISBN978-4-7972-6938-3	21,000円
973	台湾朝鮮関東州 全国市町村便覧 各学校所在地〔第一分冊〕	長谷川好太郎	ISBN978-4-7972-6939-0	58,000円
974	台湾朝鮮関東州 全国市町村便覧 各学校所在地〔第二分冊〕	長谷川好太郎	ISBN978-4-7972-6940-6	58,000円
975	合巻 佛蘭西邑法・和蘭邑法・皇国郡区町村編成法	箕作麟祥、大井憲太郎、神田孝平	ISBN978-4-7972-6941-3	28,000円
976	自治之模範	江木翼	ISBN978-4-7972-6942-0	60,000円
977	地方制度実例総覧〔明治36年初版〕	金田謙	ISBN978-4-7972-6943-7	48,000円
978	市町村民 自治読本	武藤榮治郎	ISBN978-4-7972-6944-4	22,000円
979	町村制詳解　附 市制及町村制理由	相澤富蔵	ISBN978-4-7972-6945-1	28,000円
980	改正 市町村制 並 附属法規	楠綾雄	ISBN978-4-7972-6946-8	28,000円
981	改正 市制 及 町村制〔訂正10版〕	山野金蔵	ISBN978-4-7972-6947-5	28,000円

別巻　巻数順一覧【915 ～ 949 巻】

巻数	書　名	編・著者	ISBN	本体価格
915	改正 新旧対照市町村一覧	鍾美堂	ISBN978-4-7972-6621-4	78,000 円
916	東京市会先例彙輯	後藤新平、桐島像一、八田五三	ISBN978-4-7972-6622-1	65,000 円
917	改正 地方制度解説〔第六版〕	狭間茂	ISBN978-4-7972-6623-8	67,000 円
918	改正 地方制度通義	荒川五郎	ISBN978-4-7972-6624-5	75,000 円
919	町村制市制全書 完	中嶋廣蔵	ISBN978-4-7972-6625-2	80,000 円
920	自治新制 市町村会法要談 全	田中重策	ISBN978-4-7972-6626-9	22,000 円
921	郡市町村吏員 収税実務要書	荻野千之助	ISBN978-4-7972-6627-6	21,000 円
922	町村至宝	桂虎次郎	ISBN978-4-7972-6628-3	36,000 円
923	地方制度通 全	上山満之進	ISBN978-4-7972-6629-0	60,000 円
924	帝国議会府県会郡会市町村会議員必携 附関係法規 第1分冊	太田峯三郎、林田亀太郎、小原新三	ISBN978-4-7972-6630-6	46,000 円
925	帝国議会府県会郡会市町村会議員必携 附関係法規 第2分冊	太田峯三郎、林田亀太郎、小原新三	ISBN978-4-7972-6631-3	62,000 円
926	市町村是	野田千太郎	ISBN978-4-7972-6632-0	21,000 円
927	市町村執務要覧 全 第1分冊	大成館編輯局	ISBN978-4-7972-6633-7	60,000 円
928	市町村執務要覧 全 第2分冊	大成館編輯局	ISBN978-4-7972-6634-4	58,000 円
929	府県会規則大全　附 裁定録	朝倉達三、若林友之	ISBN978-4-7972-6635-1	28,000 円
930	地方自治の手引	前田宇治郎	ISBN978-4-7972-6636-8	28,000 円
931	改正 市制町村制と衆議院議員選挙法	服部喜太郎	ISBN978-4-7972-6637-5	28,000 円
932	市町村国税事務取扱手続	広島財務研究会	ISBN978-4-7972-6638-2	34,000 円
933	地方自治制要義 全	末松偕一郎	ISBN978-4-7972-6639-9	57,000 円
934	市町村特別税之栞	三邊長治、水谷平吉	ISBN978-4-7972-6640-5	24,000 円
935	英国地方制度 及 税法	良保両氏、水野遵	ISBN978-4-7972-6641-2	34,000 円
936	英国地方制度 及 税法	髙橋達	ISBN978-4-7972-6642-9	20,000 円
937	日本法典全書 第一編 府県制郡制註釈	上條慎蔵、坪谷善四郎	ISBN978-4-7972-6643-6	58,000 円
938	判例挿入 自治法規全集 全	池田繁太郎	ISBN978-4-7972-6644-3	82,000 円
939	比較研究 自治之精髄	水野錬太郎	ISBN978-4-7972-6645-0	22,000 円
940	傍訓註釈 市制町村制 並ニ 理由書〔第三版〕	筒井時治	ISBN978-4-7972-6646-7	46,000 円
941	以呂波引町村便覧	田山宗堯	ISBN978-4-7972-6647-4	37,000 円
942	町村制執務要録 全	鷹巣清二郎	ISBN978-4-7972-6648-1	46,000 円
943	地方自治 及 振興策	床次竹二郎	ISBN978-4-7972-6649-8	30,000 円
944	地方自治講話	田中四郎左衛門	ISBN978-4-7972-6650-4	36,000 円
945	地方施設改良 訓諭演説集〔第六版〕	鹽川玉江	ISBN978-4-7972-6651-1	40,000 円
946	帝国地方自治団体発達史〔第三版〕	佐藤亀齢	ISBN978-4-7972-6652-8	48,000 円
947	農村自治	小橋一太	ISBN978-4-7972-6653-5	34,000 円
948	国税 地方税 市町村税 滞納処分法問答	竹尾高堅	ISBN978-4-7972-6654-2	28,000 円
949	市町村役場実用 完	福井淳	ISBN978-4-7972-6655-9	40,000 円

別巻　巻数順一覧【878～914巻】

巻数	書　名	編・著者	ISBN	本体価格
878	明治史第六編 政黨史	博文館編輯局	ISBN978-4-7972-7180-5	42,000円
879	日本政黨發達史 全〔第一分冊〕	上野熊藏	ISBN978-4-7972-7181-2	50,000円
880	日本政黨發達史 全〔第二分冊〕	上野熊藏	ISBN978-4-7972-7182-9	50,000円
881	政党論	梶原保人	ISBN978-4-7972-7184-3	30,000円
882	獨逸新民法商法正文	古川五郎、山口弘一	ISBN978-4-7972-7185-0	90,000円
883	日本民法鼇頭對比獨逸民法	荒波正隆	ISBN978-4-7972-7186-7	40,000円
884	泰西立憲國政治攬要	荒井泰治	ISBN978-4-7972-7187-4	30,000円
885	改正衆議院議員選舉法釋義 全	福岡伯、横田左仲	ISBN978-4-7972-7188-1	42,000円
886	改正衆議院議員選舉法釋義 附 改正貴族院令,治安維持法	犀川長作、犀川久平	ISBN978-4-7972-7189-8	33,000円
887	公民必携 選舉法規ト判決例	大浦兼武、平沼騏一郎、木下友三郎、清水澄、三浦數平	ISBN978-4-7972-7190-4	96,000円
888	衆議院議員選舉法輯覽	司法省刑事局	ISBN978-4-7972-7191-1	53,000円
889	行政司法選舉判例總覽―行政救濟と其手續―	澤田竹治郎・川崎秀男	ISBN978-4-7972-7192-8	72,000円
890	日本親族相續法義解 全	髙橋捨六・堀田馬三	ISBN978-4-7972-7193-5	45,000円
891	普通選舉文書集成	山中秀男・岩本溫良	ISBN978-4-7972-7194-2	85,000円
892	普選の勝者 代議士月旦	大石末吉	ISBN978-4-7972-7195-9	60,000円
893	刑法註釋 卷一～卷四(上卷)	村田保	ISBN978-4-7972-7196-6	58,000円
894	刑法註釋 卷五～卷八(下卷)	村田保	ISBN978-4-7972-7197-3	50,000円
895	治罪法註釋 卷一～卷四(上卷)	村田保	ISBN978-4-7972-7198-0	50,000円
896	治罪法註釋 卷五～卷八(下卷)	村田保	ISBN978-4-7972-7198-0	50,000円
897	議會選舉法	カール・ブラウニアス、國政研究科會	ISBN978-4-7972-7201-7	42,000円
901	鼇頭註釈 町村制 附 理由 全	八乙女盛次、片野続	ISBN978-4-7972-6607-8	28,000円
902	改正 市制町村制 附 改正要義	田山宗堯	ISBN978-4-7972-6608-5	28,000円
903	増補訂正 町村制詳解〔第十五版〕	長峰安三郎、三浦通太、野田千太郎	ISBN978-4-7972-6609-2	52,000円
904	市制町村制 並 理由書 附 直接間接税類別及実施手続	高崎修助	ISBN978-4-7972-6610-8	20,000円
905	町村制要義	河野正義	ISBN978-4-7972-6611-5	28,000円
906	改正 市制町村制義解〔帝國地方行政学会〕	川村芳次	ISBN978-4-7972-6612-2	60,000円
907	市制町村制 及 関係法令〔第三版〕	野田千太郎	ISBN978-4-7972-6613-9	35,000円
908	市町村新旧対照一覧	中村芳松	ISBN978-4-7972-6614-6	38,000円
909	改正 府県郡制問答講義	木内英雄	ISBN978-4-7972-6615-3	28,000円
910	地方自治提要 全 附 諸届願書式 日用規則抄録	木村時義、吉武則久	ISBN978-4-7972-6616-0	56,000円
911	訂正増補 市町村制問答詳解 附 理由及追輯	福井淳	ISBN978-4-7972-6617-7	70,000円
912	改正 府県制郡制註釈〔第三版〕	福井淳	ISBN978-4-7972-6618-4	34,000円
913	地方制度実例総覧〔第七版〕	自治館編輯局	ISBN978-4-7972-6619-1	78,000円
914	英国地方政治論	ジョージ・チャールズ・ブロドリック、久米金彌	ISBN978-4-7972-6620-7	30,000円

巻数	書　名	編・著者	ISBN	本体価格
843	法律汎論	熊谷直太	ISBN978-4-7972-7141-6	40,000 円
844	英國國會選擧訴願判決例 全	オマリー、ハードカッスル、サンタース	ISBN978-4-7972-7142-3	80,000 円
845	衆議院議員選擧法改正理由書 完	内務省	ISBN978-4-7972-7143-0	40,000 円
846	鼇齋法律論文集	森作太郎	ISBN978-4-7972-7144-7	45,000 円
847	雨山遺槀	渡邉輝之助	ISBN978-4-7972-7145-4	70,000 円
848	法曹紙屑籠	鷺城逸史	ISBN978-4-7972-7146-1	54,000 円
849	法例彙纂 民法之部 第一篇	史官	ISBN978-4-7972-7147-8	66,000 円
850	法例彙纂 民法之部 第二篇〔第一分冊〕	史官	ISBN978-4-7972-7148-5	55,000 円
851	法例彙纂 民法之部 第二篇〔第二分冊〕	史官	ISBN978-4-7972-7149-2	75,000 円
852	法例彙纂 商法之部〔第一分冊〕	史官	ISBN978-4-7972-7150-8	70,000 円
853	法例彙纂 商法之部〔第二分冊〕	史官	ISBN978-4-7972-7151-5	75,000 円
854	法例彙纂 訴訟法之部〔第一分冊〕	史官	ISBN978-4-7972-7152-2	60,000 円
855	法例彙纂 訴訟法之部〔第二分冊〕	史官	ISBN978-4-7972-7153-9	48,000 円
856	法例彙纂 懲罰則之部	史官	ISBN978-4-7972-7154-6	58,000 円
857	法例彙纂 第二版 民法之部〔第一分冊〕	史官	ISBN978-4-7972-7155-3	70,000 円
858	法例彙纂 第二版 民法之部〔第二分冊〕	史官	ISBN978-4-7972-7156-0	70,000 円
859	法例彙纂 第二版 商法之部・訴訟法之部〔第一分冊〕	太政官記録掛	ISBN978-4-7972-7157-7	72,000 円
860	法例彙纂 第二版 商法之部・訴訟法之部〔第二分冊〕	太政官記録掛	ISBN978-4-7972-7158-4	40,000 円
861	法令彙纂 第三版 民法之部〔第一分冊〕	太政官記録掛	ISBN978-4-7972-7159-1	54,000 円
862	法令彙纂 第三版 民法之部〔第二分冊〕	太政官記録掛	ISBN978-4-7972-7160-7	54,000 円
863	現行法律規則全書（上）	小笠原美治、井田鐘次郎	ISBN978-4-7972-7162-1	50,000 円
864	現行法律規則全書（下）	小笠原美治、井田鐘次郎	ISBN978-4-7972-7163-8	53,000 円
865	國民法制通論 上卷・下卷	仁保龜松	ISBN978-4-7972-7165-2	56,000 円
866	刑法註釋	磯部四郎、小笠原美治	ISBN978-4-7972-7166-9	85,000 円
867	治罪法註釋	磯部四郎、小笠原美治	ISBN978-4-7972-7167-6	70,000 円
868	政法哲學 前編	ハーバート・スペンサー、濱野定四郎、渡邊治	ISBN978-4-7972-7168-3	45,000 円
869	政法哲學 後編	ハーバート・スペンサー、濱野定四郎、渡邊治	ISBN978-4-7972-7169-0	45,000 円
870	佛國商法復説 第壹篇自第壹卷至第七卷	リウヒエール、商法編纂局	ISBN978-4-7972-7171-3	75,000 円
871	佛國商法復説 第壹篇第八卷	リウヒエール、商法編纂局	ISBN978-4-7972-7172-0	45,000 円
872	佛國商法復説 自第二篇至第四篇	リウヒエール、商法編纂局	ISBN978-4-7972-7173-7	70,000 円
873	佛國商法復説 書式之部	リウヒエール、商法編纂局	ISBN978-4-7972-7174-4	40,000 円
874	代言試驗問題擬判録 全 附録明治法律學校民刑問題及答案	熊野敏三、宮城浩蔵、河野和三郎、岡義男	ISBN978-4-7972-7176-8	35,000 円
875	各國官吏試驗法類集 上・下	内閣	ISBN978-4-7972-7177-5	54,000 円
876	商業規篇	矢野亨	ISBN978-4-7972-7178-2	53,000 円
877	民法実用法典 全	福田一覺	ISBN978-4-7972-7179-9	45,000 円

別巻　巻数順一覧【810～842巻】

巻数	書　名	編・著者	ISBN	本体価格
810	訓點法國律例 民律 上卷	鄭永寧	ISBN978-4-7972-7105-8	50,000円
811	訓點法國律例 民律 中卷	鄭永寧	ISBN978-4-7972-7106-5	50,000円
812	訓點法國律例 民律 下卷	鄭永寧	ISBN978-4-7972-7107-2	60,000円
813	訓點法國律例 民律指掌	鄭永寧	ISBN978-4-7972-7108-9	58,000円
814	訓點法國律例 貿易定律・園林則律	鄭永寧	ISBN978-4-7972-7109-6	60,000円
815	民事訴訟法 完	本多康直	ISBN978-4-7972-7111-9	65,000円
816	物權法(第一部)完	西川一男	ISBN978-4-7972-7112-6	45,000円
817	物權法(第二部)完	馬場愿治	ISBN978-4-7972-7113-3	35,000円
818	商法五十課 全	アーサー・B・クラーク、本多孫四郎	ISBN978-4-7972-7115-7	38,000円
819	英米商法律原論 契約之部及流通券之部	岡山兼吉、淺井勝	ISBN978-4-7972-7116-4	38,000円
820	英國組合法 完	サー・フレデリック・ポロック、榊原幾久若	ISBN978-4-7972-7117-1	30,000円
821	自治論 一名人民ノ自由 卷之上・卷之下	リーバー、林董	ISBN978-4-7972-7118-8	55,000円
822	自治論纂 全一册	獨逸學協會	ISBN978-4-7972-7119-5	50,000円
823	憲法彙纂	古屋宗作、鹿島秀麿	ISBN978-4-7972-7120-1	35,000円
824	國會汎論	ブルンチュリー、石津可輔、讃井逸三	ISBN978-4-7972-7121-8	30,000円
825	威氏法學通論	エスクバック、渡邊輝之助、神山亨太郎	ISBN978-4-7972-7122-5	35,000円
826	萬國憲法 全	高田早苗、坪谷善四郎	ISBN978-4-7972-7123-2	50,000円
827	綱目代議政體	J・S・ミル、上田充	ISBN978-4-7972-7124-9	40,000円
828	法學通論	山田喜之助	ISBN978-4-7972-7125-6	30,000円
829	法學通論 完	島田俊雄、溝上與三郎	ISBN978-4-7972-7126-3	35,000円
830	自由之權利 一名自由之理 全	J・S・ミル、高橋正次郎	ISBN978-4-7972-7127-0	38,000円
831	歐洲代議政體起原史 第一册・第二册／代議政體原論 完	ギゾー、漆間眞學、藤田四郎、アンドリー、山口松五郎	ISBN978-4-7972-7128-7	100,000円
832	代議政體 全	J・S・ミル、前橋孝義	ISBN978-4-7972-7129-4	55,000円
833	民約論	J・J・ルソー、田中弘義、服部徳	ISBN978-4-7972-7130-0	40,000円
834	歐米政黨沿革史總論	藤田四郎	ISBN978-4-7972-7131-7	30,000円
835	内外政黨事情・日本政黨事情 完	中村義三、大久保常吉	ISBN978-4-7972-7132-4	35,000円
836	議會及政黨論	菊池學而	ISBN978-4-7972-7133-1	35,000円
837	各國之政黨 全〔第1分册〕	外務省政務局	ISBN978-4-7972-7134-8	70,000円
838	各國之政黨 全〔第2分册〕	外務省政務局	ISBN978-4-7972-7135-5	60,000円
839	大日本政黨史 全	若林清、尾崎行雄、箕浦勝人、加藤恒忠	ISBN978-4-7972-7137-9	63,000円
840	民約論	ルソー、藤田浪人	ISBN978-4-7972-7138-6	30,000円
841	人權宣告辯妄・政治眞論一名主權辯妄	ベンサム、草野宣隆、藤田四郎	ISBN978-4-7972-7139-3	40,000円
842	法制講義 全	赤司鷹一郎	ISBN978-4-7972-7140-9	30,000円

別巻　巻数順一覧【776 ～ 809 巻】

巻数	書　名	編・著者	ISBN	本体価格
776	改正 府県制郡制釈義〔第三版〕	坪谷善四郎	ISBN978-4-7972-6602-3	35,000 円
777	新旧対照 市制町村制 及 理由〔第九版〕	荒川五郎	ISBN978-4-7972-6603-0	28,000 円
778	改正 市町村制講義	法典研究会	ISBN978-4-7972-6604-7	38,000 円
779	改正 市制町村制講義　附 施行諸規則 及 市町村事務摘要	樋山廣業	ISBN978-4-7972-6605-4	58,000 円
780	改正 市制町村制義解	行政法研究会、藤田謙堂	ISBN978-4-7972-6606-1	60,000 円
781	今時獨逸帝國要典 前篇	C・モレイン、今村有隣	ISBN978-4-7972-6425-8	45,000 円
782	各國上院紀要	元老院	ISBN978-4-7972-6426-5	35,000 円
783	泰西國法論	シモン・ヒッセリング、津田真一郎	ISBN978-4-7972-6427-2	40,000 円
784	律例權衡便覽 自第一冊至第五冊	村田保	ISBN978-4-7972-6428-9	100,000 円
785	檢察事務要件彙纂	平松照忠	ISBN978-4-7972-6429-6	45,000 円
786	治罪法比鑑 完	福鎌芳隆	ISBN978-4-7972-6430-2	65,000 円
787	治罪法註解	立野胤政	ISBN978-4-7972-6431-9	56,000 円
788	佛國民法契約篇講義 全	玉乃世履、磯部四郎	ISBN978-4-7972-6432-6	40,000 円
789	民法疏義 物權之部	鶴丈一郎、手塚太郎	ISBN978-4-7972-6433-3	90,000 円
790	民法疏義 人權之部	鶴丈一郎	ISBN978-4-7972-6434-0	100,000 円
791	民法疏義 取得篇	鶴丈一郎	ISBN978-4-7972-6435-7	80,000 円
792	民法疏義 擔保篇	鶴丈一郎	ISBN978-4-7972-6436-4	90,000 円
793	民法疏義 證據篇	鶴丈一郎	ISBN978-4-7972-6437-1	50,000 円
794	法學通論	奥田義人	ISBN978-4-7972-6439-5	100,000 円
795	法律ト宗教トノ關係	名尾玄乘	ISBN978-4-7972-6440-1	55,000 円
796	英國國會政治	アルフユース・トッド、スペンサー・ヲルポール、林田龜太郎、岸清一	ISBN978-4-7972-6441-8	65,000 円
797	比較國會論	齊藤隆夫	ISBN978-4-7972-6442-5	30,000 円
798	改正衆議院議員選擧法論	島田俊雄	ISBN978-4-7972-6443-2	30,000 円
799	改正衆議院議員選擧法釋義	林田龜太郎	ISBN978-4-7972-6444-9	50,000 円
800	改正衆議院議員選擧法正解	武田貞之助、井上密	ISBN978-4-7972-6445-6	30,000 円
801	佛國法律提要 全	箕作麟祥、大井憲太郎	ISBN978-4-7972-6446-3	100,000 円
802	佛國政典	ドラクルチー、大井憲太郎、箕作麟祥	ISBN978-4-7972-6447-0	120,000 円
803	社會行政法論 全	H・リョースレル、江木衷	ISBN978-4-7972-6448-7	100,000 円
804	英國財産法講義	三宅恒徳	ISBN978-4-7972-6449-4	60,000 円
805	國家論 全	ブルンチュリー、平田東助、平塚定二郎	ISBN978-4-7972-7100-3	50,000 円
806	日本議會現法 完	增尾種時	ISBN978-4-7972-7101-0	45,000 円
807	法學通論 一名法學初歩 全	P・ナミュール、河地金代、河村善益、薩埵正邦	ISBN978-4-7972-7102-7	53,000 円
808	訓點法國律例 刑名定範 巻一巻二 完	鄭永寧	ISBN978-4-7972-7103-4	40,000 円
809	訓點法國律例 刑律從巻 一至巻四 完	鄭永寧	ISBN978-4-7972-7104-1	30,000 円

別巻　巻数順一覧【741 ～ 775 巻】

巻数	書　名	編・著者	ISBN	本体価格
741	改正 市町村制詳解	相馬昌三、菊池武夫	ISBN978-4-7972-6491-3	38,000 円
742	註釈の市制と町村制　附 普通選挙法	法律研究会	ISBN978-4-7972-6492-0	60,000 円
743	新旧対照 市制町村制 並 附属法規〔改訂二十七版〕	良書普及会	ISBN978-4-7972-6493-7	36,000 円
744	改訂増補 市制町村制実例総覧 第１分冊	田中廣太郎、良書普及会	ISBN978-4-7972-6494-4	60,000 円
745	改訂増補 市制町村制実例総覧 第２分冊	田中廣太郎、良書普及会	ISBN978-4-7972-6495-1	68,000 円
746	実例判例 市制町村制釈義〔昭和十年改正版〕	梶康郎	ISBN978-4-7972-6496-8	57,000 円
747	市制町村制義解　附 理由〔第五版〕	櫻井一久	ISBN978-4-7972-6497-5	47,000 円
748	実地応用町村制問答〔第二版〕	市町村雑誌社	ISBN978-4-7972-6498-2	46,000 円
749	傍訓註釈 日本市制町村制 及 理由書	柳澤武運三	ISBN978-4-7972-6575-0	28,000 円
750	鼇頭註釈 市町村制俗解　附 理由書〔増補第五版〕	清水亮三	ISBN978-4-7972-6576-7	28,000 円
751	市町村制質問録	片貝正晉	ISBN978-4-7972-6577-4	28,000 円
752	実用詳解町村制 全	夏目洗藏	ISBN978-4-7972-6578-1	28,000 円
753	新旧対照 改正 市制町村制新釈　附 施行細則及執務條規	佐藤貞雄	ISBN978-4-7972-6579-8	42,000 円
754	市制町村制講義	樋山廣業	ISBN978-4-7972-6580-4	46,000 円
755	改正 市制町村制講義〔第十版〕	秋野沆	ISBN978-4-7972-6581-1	42,000 円
756	註釈の市制と町村制 市制町村制施行令他関連法収録〔昭和4年4月版〕	法律研究会	ISBN978-4-7972-6582-8	58,000 円
757	実例判例 市制町村制釈義〔第四版〕	梶康郎	ISBN978-4-7972-6583-5	48,000 円
758	改正 市制町村制解説	狭間茂、土谷覺太郎	ISBN978-4-7972-6584-2	59,000 円
759	市町村制註解 完	若林市太郎	ISBN978-4-7972-6585-9	22,000 円
760	町村制実用 完	新田貞橘、鶴田嘉内	ISBN978-4-7972-6586-6	56,000 円
761	町村制精解 完　附 理由 及 問答録	中目孝太郎、磯谷郡爾、高田早苗、両角彦六、高木守三郎	ISBN978-4-7972-6587-3	35,000 円
762	改正 町村制詳解〔第十三版〕	長峰安三郎、三浦通太、野田千太郎	ISBN978-4-7972-6588-0	54,000 円
763	加除自在 参照条文　附 市制町村制　附 関係法規	矢島和三郎	ISBN978-4-7972-6589-7	60,000 円
764	改正版 市制町村制並ニ府県制及ビ重要関係法令	法制堂出版	ISBN978-4-7972-6590-3	39,000 円
765	改正版 註釈の市制と町村制 最近の改正を含む	法制堂出版	ISBN978-4-7972-6591-0	58,000 円
766	鼇頭註釈 市町村制俗解　附 理由書〔第二版〕	清水亮三	ISBN978-4-7972-6592-7	25,000 円
767	理由挿入 市町村制俗解〔第三版増補訂正〕	上村秀昇	ISBN978-4-7972-6593-4	28,000 円
768	府県制郡制註釈	田島彦四郎	ISBN978-4-7972-6594-1	40,000 円
769	市制町村制傍訓 完　附 市制町村制理由〔第四版〕	内山正如	ISBN978-4-7972-6595-8	18,000 円
770	市制町村制釈義	壁谷可六、上野太一郎	ISBN978-4-7972-6596-5	38,000 円
771	市制町村制詳解 全　附 理由書	杉谷庸	ISBN978-4-7972-6597-2	21,000 円
772	鼇頭傍訓 市制町村制註釈 及 理由書	山内正利	ISBN978-4-7972-6598-9	28,000 円
773	町村制要覧 全	浅井元、古谷省三郎	ISBN978-4-7972-6599-6	38,000 円
774	府県制郡制釈義 全〔第三版〕	栗本勇之助、森惣之祐	ISBN978-4-7972-6600-9	35,000 円
775	市制町村制釈義	坪谷善四郎	ISBN978-4-7972-6601-6	39,000 円